线装国学经典

三十六计

第一册

李楠 编译

图书在版编目（CIP）数据

三十六计/ 李楠编译. —北京：北京工艺美术出版社，2019.1
（线装国学经典）
ISBN 978-7-5140-1617-8

Ⅰ. ①三… Ⅱ. ①李… Ⅲ. ①兵法－中国－古代 Ⅳ. ①E892.2

中国版本图书馆CIP数据核字（2018）第212401号

出版人：陈高潮
责任编辑：赵震环
装帧设计：书心瞬意
责任印制：宋朝晖

三十六计

李楠 编译

出　版　北京工艺美术出版社
发　行　北京美联京工图书有限公司
地　址　北京市朝阳区化工路甲18号
　　　　中国北京出版创意产业基地先导区
邮　编　100124
电　话　（010）84255105（总编室）
　　　　（010）64283630（编辑室）
　　　　（010）64280045（发　行）
传　真　（010）64280045/84255105
网　址　www.gmcbs.cn
经　销　全国新华书店
印　刷　三河市文通印刷包装有限公司
开　本　889毫米×1194毫米　1/16
印　张　40
版　次　2019年1月第1版
印　次　2019年1月第1次印刷
印　数　1～3000
书　号　ISBN 978-7-5140-1617-8
定　价　380.00（全四册）

前言

《三十六计》是我国古代一部著名的军事谋略著作，虽然说它的经典地位不如《孙子兵法》那样高，但其知名度却绝不逊于《孙子兵法》，诸如「美人计」「走为上」等等，脍炙人口，妇孺皆知。有趣的是，这部著作的成书年代和作者都是一个谜。后人所能了解的，是《南齐书·王敬则》篇中，首次提出《三十六计》：「檀公三十六策，走是上计，汝父子唯应急走耳。」由此推至迟在1500年以前，《三十六计》已经形成。但是否就是我们今天所见的面貌，不得而知。可以确知的是，《三十六计》成名很早，代有补充、完善，于明清之时定本成书。

《三十六计》原文短小，而且广引《易经》语辞，颇为难解，于是有了「按语」，引经据典，以资佐证。又分为六套，依「胜战」「敌战」「攻战」「混战」「并战」「败战」而列，一套含六计，六六三十六，圆成全书。不难看出，《三十六计》深深汲取了中华古老《易经》阴阳互变、辩证统一思想的精髓，谋篇布局，大有讲究。这也是《三十六计》诱人迷人的魅力所在。应该承认，《三十六计》集历代兵法、智谋之大成，不独于军事领域，政治斗争中应对实施，对整个社会生活、经济外交、人际往来都有极强的适用性。

我们编纂的这部《三十六计》，每一计分为「原文」「注释」「译文」「按语」「传世典故」「用计锦囊」等几大部分，力图以简洁的语言全面展示《三十六计》的丰富内涵。书中的案例，是精心选编古今中外政治、军事、经济、外交、社会等方面的经典事例，依时空次序（先古后今，先中后外）排列，读者既能从这些生动的故事中领会到《三十六计》的魅力，又能读到简明的中外政史、战史，加深理解，丰富知识。

最后，让我们都能从《三十六计》中吸收营养，完善自己，无往而不胜。

目录

第一册

第二册

中编　《三十六计》实操运用

三十六计

第三册

下编　《三十六计》智谋典故

第四册

上编 《三十六计》精注全译

导读

【原文】

六六三十六①，数②中有术③，术中有数。阴阳④燮理⑤，机⑥在其中。机不可设，设则不中。

【注释】

①六六三十六：借用《易经·坤卦》之极阴数「六六」代表三十六计，指诡计多端。

②数：易数，本义是推演卦底的依据，此处引申为客观实际规律。

③术：计谋方略。

④阴阳：一阴一阳，是中国传统哲学中构成事物的两大要素。传统哲学中的阴阳规律是事物发展变化的基本规律。阴阳是对立统一的。

⑤燮理：谐调，调和。

⑥机：机谋，机变。

【译文】

六乘六等于三十六，在实际规律中蕴藏着计谋，而计谋的运用也离不开实际规律。阴阳法则的调理与转化，机谋权变便从中产生。所以，机谋不可以任意设计，否则就会失败。

【按语】

解语重数不重理。盖理，术语自明；而数则在言外。若徒知术之为术，而不知术中有数，则术多不应。且诡谋权术，原在事理之中，人情之内。倘事出不经①，则诡异②立见，诧世惑俗，而机谋泄矣。或曰：三十六计中，每六计成为一套。第一套为胜战计，第二套为敌战计，第三套为攻战计，第四套为混战计，第五套为并战计，第六套为败战计。

【注释】

①不经：经，常规，原则，常理。不经，即违背常理，违背原则。

②诡异：诡，奇异。不正常，奇特怪异。

【译文】

以上解语重视的是实际规律而不是一般道理。因为道理通过语言的表达自然会明白，而实际规律却是在语言之外的。如果只知为计谋而计谋，却不知计谋离不开实际规律，计谋的运用往往就不应验。而且，诡诈的计谋和权变的手段，本来就在事理之中、人情之中，如果违背这一原则，奇异之处立刻就会显现，引起人的惊疑，计谋也就暴露了。

三十六计按战争形势的不同，每六计组成一套。第一套为胜战计，第二套为敌战计，第三套为攻战计，第四套为混战计，第五套为并战计，第六套为败战计。

第一章 胜战计精注全译

第一计 瞒天过海

【原文】

备周[①]则意怠[②]，常见则不疑。阴在阳之内，不在阳之对。太阳，太阴[③]。

【注释】

①备周：防备周密。

②意怠：思想松懈。

③太阳，太阴：根据阴阳互相转化的规律，阳极而阴生，阴极而阳动。

【译文】

自以为防备极其周密，其思想就容易松懈；平时看惯了的，就不容易引起怀疑。阴往往深藏在阳之中，依存于阳，并不互相排斥。阳极生阴，阴极生阳。这就是易理中阴阳变换的原则。

【按语】

阴谋作为，不能于背时秘处行之。夜半行窃，僻巷杀人，愚俗之行，非谋士之所为也。如开皇九年[①]大举伐陈[②]，先是，弼[③]请缘江防人，每交代[④]之际，必集历阳[⑤]，大列旗帜，营幕蔽野。陈人以为大兵至，悉发国中士马，既而知防人交代，其众复散。后以为常，不复设备。及若弼以大军济江，陈人弗之觉也。因袭南徐州[⑥]，拔之。

【注释】

①开皇：隋文帝建国年号，九年即公元589年。

②陈：南朝之陈国，陈霸先建于公元557年，建都建康，今南京。

③弼：隋朝大将贺若弼。

④交代：调防。

⑤历阳：地名，今安徽和县。

⑥南徐州：江苏镇江。

【译文】

要想阴谋有所作为，就不能在阴暗偏僻的地方施用。半夜偷东西，在偏僻的小巷里杀人，这是愚蠢庸俗的人的行为，不是谋士所应做的事。比如，隋朝开皇九年（公元589），隋大举进攻陈国。在此以前，隋将贺若弼命令那些沿江的守备部队，每次调防时，都要在历阳集中，插上很多旗帜，军营帐篷遍地都是。陈国以为隋军大队人马集结，要来进犯，便马上集结国内全部兵力进行防御。事后才知道是隋军的守备部队调防，于是又把部队撤了回去。如此反复，陈国对隋军的做法习以为常，也就不再防备了。后来，等到贺若弼率领大军渡过长江，陈国人还没有察觉，隋军便很顺利地袭击并占领了南徐州。

【传世典故】

瞒天过海：瞒：隐瞒，隐藏实情，不让别人知道。天：天子，即皇帝。瞒天过海原意是指用各种巧妙的伪装，遮挡住皇帝的视听，瞒骗他上船，使其在不知不觉中跟随大队人马安全顺利地渡过大海。引申为用伪装的手段做掩护，暗中活动。

典故出自《永乐大典·薛仁贵征辽事略》。唐太宗御驾亲征，统兵三十万，欲取高丽。路过辽东，见到距长安五千余里的辽河水，皇帝即产生了后悔之心。不数日，来到海边，那波浪滔天的汪洋大海，又使皇帝产生恐惧。后悔当初没有听从谋士们的劝告。东望高丽，隔海千里，皇帝找来前部总管张士贵问计。张士贵无奈，只好请教于薛仁贵帐下。薛仁贵献计说：现在天子只是担忧大海难渡，无法征讨高丽，我有一计，可以让千里海水，到明天就不见了半点，无论是太宗皇帝，还是士兵，都如同在平地上一样，平平安安地渡过大海。接着他们见了皇帝禀告说：在附近的海上，居住着一位豪富老人，愿为您的三十万兵马提供粮草。太宗皇帝非常高兴，宣豪富老人觐见，豪富老人让太宗皇帝前去海边亲验。当文武百官随太宗皇帝来至海边时，只见眼前上万间房屋都用彩幕遮围着。老人将皇帝请进一间四壁挂着彩绣、地上铺着地毯的屋子。皇帝入座，百官进酒，说说笑笑，好不热闹。过了一会儿只觉得四面的帷幕被风吹得呼呼作响，哗哗的涛声如雷震响，桌子上的杯子盘子翻落在地，身体也坐不稳。这时皇帝心生疑惑，命人揭开帷幕观看，只见一望无际的涛涛海水，分不清东西南北，太宗皇帝惊恐地问道：『这是什么地方？』张士贵起身回答说：『这就是我们过海的计谋，借着风势，已快到东岸了。』就这样，太宗皇帝在不知不觉中渡过了大海。

【用计锦囊】

『瞒天过海』是使用伪装的手段，引诱对方，利用机会，乘人之危来坐享成功的策略。也就是在外表上装作就要采取行动，让对方保持警戒之心；但实际上不采取任何行动。如此反复伪装，使对方误以为这仅仅是虚张声势，而慢慢怠于警戒。这时即刻抓住对方的疏忽，乘虚而入，给予致命的一击。总之，采取各种隐蔽措施，克服敌方的侦察、监视和封锁，顺利地实施己方兵力调动的计谋，这就是『瞒天过海』。

瞒天过海的关键在于一个『瞒』字。瞒得过则大功告成，瞒不过则弄巧成拙。但是，『瞒』不是最终目的，而是『过海』的必要手段。此计中的『天』指对自己构成威胁的对象。要善于抓住『天』的弱点施谋设计，使『天』变成聋子和瞎子。用『瞒』解除了『天』的威胁，『过海』也就不难了。

瞒天过海的情形很多，大而言之，可分为以下几种：

一、隐迹潜踪。即把自己的踪迹隐藏起来。一般情况下，对方要根据我们的踪迹来判断我们的意图，要根据我们的行踪来对我们施以干扰或攻击。如果我们把行踪隐藏起来，对方就无法判断我们的行动方向和位置。甚至不知我们是否存在。在这种情况下，对方处在明处，我们处在暗处，我们就可自由灵活地行动了。这就属《孙子兵法》中的『无形论』。无形论认为：谋划一定要机密，行动一定要无形，使敌人捉摸不定或产生错觉，进而掩盖自己的行动。

二、转移视听。即把对方的注意力转移到公开的行动上来，而使其忽略在这种公开行动中隐藏的不公开行动。在对抗行动中，如果能做到『无形』，当然是最好的，但是在大多数情况下，是很难做到的，稍有不慎，露出蛛丝马迹，反倒使对方更加警觉。如果以一种行动来掩盖另一种行动，对方就会被迷惑，进而产生一定的盲区，我们便可在他们的盲区内行动而不被发现。

三、示假隐真。就是向敌人出示一定的假象，而把真的行动或意图掩护或隐蔽起来。虚假的东西很容易制造，所付的代价或所冒的风险都较小，而对对方的蒙骗作用又相当大，所以这种策略常常被先采用。

四、阳奉阴违。即表面上遵从，暗地里却不执行。表面上的服从可以骗得信任，并削弱对方的警惕，有时甚至可以获得对方主动提供的有利条件，暗中另行其事的时候，则不会被发现。而暗中另行其事则可以实现自己的真正目的。『阳奉阴违』与『阴在阳内』不同，前者是以臣属、朋友等身份出现，以假的隐蔽真的；后者一般公开身份，与实际身份是一致的。

对瞒天过海之计，可采取如下防范对策：

一、发现疑点。俗话说：『若要人不知，除非己莫为。』无论事情做得怎样隐蔽、神秘，总要露出一定的蛛丝马迹来。我们便可抓住这些可疑之点，顺藤摸瓜，见微知著，发现敌人的真正意图。绝不可被一些表面的现象所迷惑，因为对方为了隐蔽自己，有时要施放一些烟幕弹，让我们辨不清目标，但越是这时我们越要提高警惕，因为『烟幕弹下必有勾当』，越是遮遮掩掩，就越是可能有见不得人的东西。

二、宁有虚防。『害人之心不可有，防人之心不可无』，特别是对那些与我们有直接利益冲突的人，更要认真提防。要常备不懈，以防不测，做到『宁使我有虚防，无使彼得灾害』。只有把对方时时置于我们严密的监视和控制下，才能不被他所蒙蔽和欺骗。

三、及时反馈。无论发现对方有什么新的动向，特别是在策略行为方面的变化，都要及时发现，并进行全面的信息反馈，做出准确的判断，绝不能熟视无睹，听而不闻，视而不见。在这里『及时』是十分重要的，如果发现过晚或是反应迟缓，都会给对方以可乘之机，最后失去战机，造成不可弥补的损失。

四、穷追不舍。如果发现对方正在渡海或者已经渡过大海，并爬上了岸边，我们也绝不要轻易放他们逃走，哪怕只有一点可能，也要坚决穷追不舍，以挽回损失。要想追上已经逃走的敌人，要有比敌人更快的速度，或者选择比敌人更近的捷径。另外，还要预先防范敌人过海之后的企图，使之过海之后也难以实现最终的目的。

第二计 围魏救赵

【原文】

共敌[①]不如分敌[②]，敌阳[③]不如敌阴[④]。

【注释】

①共敌：集中的敌人。也作使敌人兵力集中。

②分敌：分散的敌人。也作使敌人兵力分散。

③敌阳：正面攻击敌人。

④敌阴：背后偷袭敌人。

【译文】

与其攻打集中的强敌，不如迫使敌人分散兵力。应该避免与敌人正面交锋，而迂回到敌人的后方，偷袭敌人。

【按语】

治兵如治水：锐者避其锋，如导流[①]；弱者塞其虚，如筑堰[②]。如当齐救赵时，孙子谓田忌曰：『夫解杂乱纠纷者不控拳[③]，救斗者，不搏击。批亢捣虚[④]，形格势禁[⑤]。则自为解耳。』

【注释】

①导流：疏导、分流。《孙子·虚实篇》：『夫兵形象水。水之形，避高而趋下；兵之形，避实而击虚。水因地而制流。兵因地而制胜。故兵无常势，水无常形；能因敌变化而取胜者，谓之神。』

②筑堰：修筑堤坝。

③控拳：用拳头砸。

④批亢捣虚：亢，咽喉部位，形容要害；虚，虚弱的地方。批，用手打，引申为攻击。攻击其要害和虚弱点。

⑤形格势禁：格，阻止，阻碍。禁，禁止，禁阻。即被形势所阻碍。

【译文】

对敌作战如同治水：对于来势凶猛的敌人，要避开它的锋芒，如同疏导洪水；对于弱小的敌人，却要堵住它的漏洞，如同筑堤修坝一样，一举围歼。例如战国时当齐国去营救赵国时，孙膑对田忌说：『要解开杂乱纠结的一团绳索，不能用拳头去打；要劝解打架，不能自己动拳打人。攻击敌人的要害和空虚部位，使他们受到危急形势的阻碍和逼迫，战事就自然而然地解决了。』

【传世典故】

魏、赵是战国时期中原地区的两个国家。其中魏都大梁在今河南开封，赵都邯郸在今河北邯郸。原意是指在魏国包围了赵国的时候，不直接去赵国解围，而是通过反过来包围魏国国都的办法，迫使其回救自已而解赵之围。引申为通过围攻来犯之敌的后方据点，迫使其撤回兵力的作战方法。

典故出自《史记·孙子吴起列传》记载的齐魏桂陵之战。周显王十五年（公元前354），魏国派将军庞涓带领八万军队进攻赵国，包围了赵国的首都邯郸。赵国派人到齐国求救，齐威王任命田忌为统帅，孙膑为军师，带兵八万去救援赵国。

田忌接受了齐威王的命令后，立即集中军队，准备粮草、军械。一切准备工作就绪后，便召集全军将领商议进军。

将领们到齐以后，田忌说道：『大王命令我们去援救赵国，我们准备工作已经就绪，明天大军兵发邯郸，与魏军决战，救援赵国。』

『是！』众将一齐应道。

这时，军师孙膑却急忙说道：『田将军！我们的大军不应去到邯郸。』

田忌听后，吃了一惊，忙问：『大军不去邯郸，去哪里？军师快说。』

『大军应当到大梁去。』孙膑说道。

田忌惊讶地说：『军师！这就奇怪了。魏国八万大军正在邯郸城下攻城，我们军队不去邯郸城下找魏军作战，却跑到大梁干什么？』

孙膑笑道：『请问将军，大王命我们带兵八万去完成什么任务？』

田忌道：『解邯郸之围。』

孙膑道：『要想解开一团乱丝，不能用拳头去乱打；要想替别人拉架，不能去参加搏斗。现在要去解救赵国的危难，直接去死打硬拼也是不合算的。眼下魏国精兵都在攻打赵国，国内防御必定空虚，我们如发大军直捣大梁，大梁是魏国首都，庞涓必然要回军自救。庞涓一撤军，邯郸的围不就解开了吗？等到庞涓急忙赶回本国时，我们再在半路上打他个伏击，不正好以逸待劳吗？』

田忌一听，恍然大悟，连叫：『好计！好计！』众将也都高兴地赞成。于是，齐国军队不去邯郸，而直接去魏国首都大梁（今开封）。

魏国军队虽在攻打邯郸，但与国内联系十分密切。庞涓突然接到探马报告，说齐国大队人马浩浩荡荡袭击魏国首都大梁去了。这一惊非同小可。他慌慌张张地带领部队撤离邯郸，日夜行军，回师自救。当魏军赶到桂陵（今山东菏泽东北）时，中了齐军的埋伏。魏军长期在外奔波作战，现在又是急行军，十分劳累；齐国军队却以逸待劳，锐气正盛。魏军抵挡不住，被齐军打得落花流水。齐国军队没有花大力气，就打了大胜仗，解了赵国之围，凯旋而归。

【用计锦囊】

古人云：『治兵如治水。』面对来势凶猛的强敌，一味硬碰，无异于以卵击石。所以应当避其锋芒，采用分导引流的办法：或者攻击敌人的薄弱之处牵制他，或者袭击敌人的要害部位威胁他，或者绕到敌人背后打击他。如此一来，敌人就不得不放弃原来的目标。这是一种转化敌我双方地位的迂回策略。

在此计中，『围魏』是『救赵』的前提条件，不论是真围还是假围，不论是明围还是暗围，『围魏』必须能够引出『救赵』这个后果。也就是说，『围魏』与『救赵』之间具有直接的因果关系。否则，『围魏救赵』只能是一厢情愿的美好打算。

『围魏救赵』有四种含义：

一、以迂为直。就是通过看似迂远曲折的途径来达到近直的目的。某些事情，如果直接去办，会遇到很多困难，如果绕一绕弯或增加一些中间环节，就可以把困难避开或者把困难化解掉。这就好比开车上山，从山下直奔山顶，路虽然是最直最近的，却是最陡最险的，即使能爬得上去，也会费时费力。如果盘旋而上，虽然多走许多路，但因此降低了坡度，绕过悬崖和沟壑。这样不但使一些不可解的事情成为可能，而且可以相对迅速和安全。

二、避实击虚。就是主动避开敌人的实处，攻击其虚处。在古代兵书战策中，实和虚是两个具有相对意义的哲学概念，其所指也比较广泛。一般无者为虚，有者为实；空者为虚，坚者为实；弱者为虚，强者为实；无备为虚，有备为实；等等。这就是如果解牛，要专门寻找骨与骨之间的缝隙处下刀，因为『骨有隙而刀无厚』，才能游刃而有余。这就是所谓的批隙导窾。如果举起刀来乱剁乱砍，再锋利的刀也会受不了。所以《孙子兵法》中提出『无邀正正之旗，勿击堂堂之陈』，告诉我们不要同比自己强大的敌人正面硬拼，要避其锋芒，击其弱处。

三、从易者始。就是要从相对容易的地方下手，从相对容易的地方做起，能取得事半功倍的效果。抢在对方之前，首先取得胜利，对自己是一个极大的鼓舞，对敌人则是一个严重的震慑。另外，从『易者始』也可以创造出一种破竹之势，使原来的难者也逐渐自行转化为『易者』。如果难易程度相差不多，则应选择对全局影响较大的地方入手。

四、攻其必救。围魏时『魏』这个突破口的选择是非常关键的，它至少要具备两个条件：一是它要比『赵』容易进攻，否则就无舍赵而围魏的必要了。二是魏一定是敌人的必救之处，否则不痛不痒，就达不到救赵的目的。

对围魏救赵之计，可采取如下防范对策：

一、瞻前顾后。有个典故叫『螳螂捕蝉，黄雀在后』，意思是说，只顾眼前的利益，而忘记了身后的祸患。所以我们做任何事情都要『杂于利害』，要备有防范措施以防不测。

二、丢卒保车。在不可两全的时候，什么都顾，就什么都顾不上，要学会丢卒保车，必要的时候，还应保帅。在这里，关键是要分清什么是卒，什么是车，什么是帅，准确判断，及时选择。

三、速战速决。如果能迅速地攻下赵国，就不会出现首鼠两端的情况。所以『夫兵久而利国者，未之有也。』

第三计　借刀杀人

【原文】

敌已明，友未定，引友杀敌，不自出力。以《损》①推演。

【注释】

①《损》：《易经·损卦》：『彖曰：损下益上，其道上行。』意思是说：减损下方，增益上方。其方向是由下向上进行的。有所损必有所得。

【译文】

敌人的情况已经明确，友军的情况还不确定。这时，就要诱导友军去消灭敌人，自己避免作战，从而保存实力。此计从损卦推算而出。

【按语】

敌相已露，而另一势力更张，将有所为，便应借此力以毁敌人。如：郑桓公将袭郐[①]，先问郐之豪杰、良臣、辨智、果敢之士，尽书姓名，择郐之良田赂之，为官爵之名而书之；因为设坛场[②]郭门[③]之外而埋之，衅[④]之以鸡豭[⑤]，若盟状。郐君以为内难[⑥]也，而尽杀其良臣。桓公袭郐，遂取之。诸葛亮之和吴拒魏，及关羽围樊、襄，曹[⑦]欲徙都，懿[⑧]及蒋济说曹曰：『刘备、孙权外亲内疏，关羽得志，权必不愿也。可遣人劝蹑其后[⑨]，许割江南以封权，则樊围自解。』曹从之，羽遂见擒。

【注释】

①郑桓公：西周末年郑国的君主。郐，当时的一个小国。

②坛场：祭坛，用来祭祀天地、表明心愿的祭祀场所。

③郭门：郭，古代的城市建筑时，在城的外围加筑一道城墙即为郭。郭门，指城门。

④衅：古代的一种祭祀天地仪式，用牲畜的血涂在新制的器物上，引申为涂抹。

⑤豭：公猪。

⑥内难：难，灾难，祸乱。内部叛乱。

⑦曹：曹操，东汉丞相，封魏王。魏建立后追尊魏武帝。

⑧懿：司马懿，曹操的重要谋士。时为主簿。

⑨蹑：跟踪，追随。

【译文】

敌人的情况已经显露，而另一股势力也正在扩张，并将有所作为，便应当借用这股势力去消灭敌人。

例如，西周末年，郑桓公想要袭击郐国。事前，他先问明郐国有哪些英雄豪杰、贤良大臣、能言并善于分辨是非的智谋之士和有胆有识的勇士，一一记了他们的姓名，并选择郐国的良田分送给他们，还封他们官爵，并且都注明在名单上；为此还在城外筑起祭坛，把这张名单埋在地下，杀鸡宰猪，举行了涂血的仪式，仿佛订下盟约似的。郐国国君以为内部发生叛变，就把他们都杀了。郑桓公于是袭击并占领了郐国。

又如，三国时诸葛亮联吴抗魏，以及关羽围困樊城、襄阳时，曹操想要迁都，司马懿和蒋济却劝曹操说：『刘备、孙权表面上亲密，骨子里却是疏远的。关羽如果得志，孙权必然不愿意。我们可派人劝孙权跟踪攻击关羽的后方，并答应把江南地方分封给孙权。这样，樊城的围困自然会得到解救。』曹操采纳了他们的意见，结果关羽被孙权所擒。

【传世典故】

借刀杀人原指不用自己的刀而借用别人的刀去杀人，这样自己既可以不被发现，又可以在危急的时候嫁祸于人。引申为为了保存自己的实力，而利用矛盾，巧妙借用第三力量击破敌人，达到自己的目的。

《兵经百字·借字》中说：『艰于力则借敌之力，难于诛则借敌之刃。』借他人之手除掉对手，自己却不抛头露面，这种间接杀人的计谋，就叫『借刀杀人』。

此计是根据《周易》六十四卦中《损》卦推演而得。象曰：『损下益上，其道上行。』此卦认为，『损』『益』，不可截然划分，二者相辅相成，充满辩证思想。此计谓借人之力攻击我方之敌，我方虽不可避免有小的损失，但可稳操胜券，大大得利。

春秋末期，齐简公派国书为大将，兴兵伐鲁。鲁国实力不敌齐国，形势危急。孔子的弟子子贡分析形势，认为唯吴国可与齐国抗衡，可借吴国兵力挫败齐国军队。于是子贡游说齐相田常。田常当时蓄谋篡位，急欲铲除异己。子贡以『忧在外者攻其弱，忧在内者攻其强』的道理，劝他莫让异己在攻弱鲁中轻易主动，扩大势力，而应攻打吴国，借强国之手铲除异己。田常心动，但因齐国已做好攻鲁的部署，转而攻齐，怕师出无名。子贡说：『这事好办。我马上去劝说吴国救鲁伐齐，这不是就有了攻齐的理由了吗？』田常高兴地同意了。子贡赶到吴国，对吴王夫差说：『如果齐国攻下鲁国，势力强大，必将伐齐。大王不如先下手为强，联鲁攻齐，吴国不就可抗衡强晋，成就霸业了吗？』子贡马不停蹄，又说服赵国，派兵随吴伐齐，解决了吴王的后顾之忧。子贡游说三国，达到了预期目标，他又想到吴国战胜齐国之后，定会要挟鲁国，鲁国不能真正解危。于是他偷偷跑到晋国，向晋定公陈述利害关系：吴国伐鲁成功，必定转而攻晋，争霸中原。劝晋国加紧备战，以防吴国进犯。公元前484年，吴王夫差亲自挂帅，率十万精兵及三千越兵攻打齐国，鲁国立即派兵助战。齐军中吴诱敌之计，陷于重围，齐师大败，主帅及几员大将均死于乱军之中。齐国只得请罪求和。夫差大获全胜之后，骄狂自傲，立即移师攻打晋国。晋国因早有准备，击退吴军。子贡充分利用齐、吴、越、晋四国的矛盾，巧妙周旋，借吴国之『刀』，击败齐国；借晋国之『刀』，灭了吴国的威风。鲁国损失微小，却能从危难中得以解脱。

【用计锦囊】

在环境受到限制，自身没有能力，或不愿直接抛头露面的情况下，有计划地利用自己以外的人和事来实现自己的意图，达到自己的目的，这样在成功时，自己不用付出任何代价；失败时，自己不用承担任何责任。其中的『杀人』不能仅理解为损人利己之事，而应从广义上理解为达到某种目的。

借刀杀人有三个含义：

一、不自出力，善于假手于人，巧妙借用外力，自己不用动手不用出力，不花任何代价，同样达到目的。

二、杀人不见血。借刀杀人，杀人不见血，也就是可以不露任何痕迹，不抛头露面，也就可以不承担任何责任，既实现了目标，又落得两手干净。

三、拉人下水。借人之刀去杀人，刀之主人，必然也就被诱迫入伙，即使不是心甘情愿地入伙，也必然逃不脱杀人的干系，自然也就被拉下了水。尤其是在势均力敌的情况下，谁能争取到第三力量，谁就能取得胜利。通过本计可以增加自己的力量。

对借刀杀人之计，可采取如下防范对策：

一、不要使自己成为被借之『刀』。

（一）遇事不盲从。不要看别人做什么事，自己不问青红皂白也跟着干，那种『路见不平，拔刀相助』的人，如果没有一定的分辨是非的能力，很容易被人利用当枪使。

（二）比较利害。某件事，如果对别人利多害少，对自己利少害多，而别人又极力诱使自己去干，那就有被当『刀』使的可能。所以不要为他人作嫁衣裳。当然，『为人民服务』又当别论。

（三）『杀人』要有理由。别人『杀人』有别人的理由，比如是仇人、竞争者等。那么我们『杀人』前，要站在自己的角度上，看是否有『杀人』的理由，同样一个人对别人来说可能是不共戴天的仇敌，对我们来说，可能是井水不犯河水。在自己一边若找不出『杀人』的理由，千万不要妄开杀戒。

二、不要使自己成为被杀之人。

（一）修好自己的篱笆。『害人之心不可有，防人之心不可无』，要时时警惕来自各方面的攻击，当然也要自己身正，因为身正不怕影子歪。

（二）及时揭露。一旦发现自己成为被杀之人，要及时对『借刀』之人进行揭露，指出他的阴险用心，使被借之刀醒悟，不再受骗上当，不再做亲者痛、仇者快的事情。

（三）拆散敌人的联盟。如果敌人已经结成联盟，要千方百计把他们拆散，不使他们互相借刀对付自己，必要时要对危害自己的行为予以坚决果断的打击，或以其人之道还治其人之身。

第四计　以逸待劳①

【原文】

困敌之势，不以战。损刚益柔②。

【注释】

①以逸待劳：逸，安逸；劳，疲劳。出自《孙子·军争篇》：『以近待远，以佚待劳，以饱待机，此治力者也。』

②损刚益柔：《易经·损卦》：『彖曰：损，损下益上，其道上行……损刚益柔有时，损益盈虚，与时偕行。』意思是：『减损下的阳刚以增益上之阴柔要适时，事物的减损增益，盈满亏虚，都要与时机相配合。』在作战时，刚，指进攻的士气和态势；柔，指防御的心理和形势。

【译文】

困扰敌人的兵势，不直接采取战斗。适时适当地采取防御态势，疲惫拖垮敌人，变被动为主动。

【按语】

此即致敌[①]之法也。兵书云：『凡先处战地而待敌者佚，后处战地而趋战[②]者劳。故善战者，致人而不致于人。』兵书论敌，此为论势，则其旨非择地以待敌，而在以简驭繁[③]，以不变应变，以小变应大变，以不动应动，以小动应大动，以枢应环也[④]。

如管仲寓军令于内政，实而备之；孙膑于马陵道伏击庞涓；李牧守雁门，久而不战，而实备之，战而大破匈奴。

【注释】

①致敌：致，招引、调动。调动敌人。

②趋战：趋，奔赴、奔向。仓促奔赴战场。

③以简驭繁：简，简单；繁，烦琐，复杂。驭，驾驭，控制。用简单的方法而控制复杂的局面。

④以枢应环：枢，枢纽，中心环节，关键部位；环，围绕，指四周。以中心转动应付四周活动。

【译文】

这就是调动敌人的方法。兵书上说：『凡是先到战场等候敌人的，从容安逸；后到战场仓促应战的，疲劳不堪。所以善于作战的人，能调动敌人而不被敌人调动。』兵书讲的是如何打仗，这里探讨的却是如何掌握主动权。其宗旨不在于选择地形等待时机打击敌人，而是在于阐明用简单的方法控制复杂的局面，用不变化的心态对付变化的形势，用小变化对付大变化，用不动对付活动，用小的运动对付大的变动，这种战术规则，就好像枢纽用转动来对付不断活动的边围一样。

比如，春秋时期，管仲管理齐国，实行军政合一，在农闲时就从事军事训练，实际上是在备战。战国时，孙膑在马陵道伏击庞涓。赵将李牧镇守雁门关时，长期不同匈奴作战，其实是在积极备战，后来一战而大败匈奴。

【传世典故】

以逸待劳：逸，安闲；劳，疲劳；待，等待、等候。指养精蓄锐，痛击远来进犯的疲惫之敌。

以逸待劳，语出于《孙子·军争篇》：『故三军可夺气，将军可夺心。是故朝气锐，昼气惰，暮气归。故善用兵者，避其锐气，击其惰归，此治气者也。以治待乱，以静待哗，此治心者也。以近待远，以佚（同逸）待劳，以饱待饥，此治力者也。』又，《孙子·虚实篇》：『凡先处战地而待敌者佚（同逸），后处战地而趋战者劳，故善战者，致人而不致于人。』原意是说，凡是先到战场而等待敌人的，就从容、主动，后到达战场的只能仓促应战，一定会疲劳、被动。所以，善于指挥作战的人，总是调动敌人，而绝不会被敌人调动。

战国末期，秦国少年将军李信率二十万军队攻打楚国，开始时，秦军连克数城，锐不可当。不久，李信中了楚将项燕伏兵之计，丢盔弃甲，狼狈而逃，秦军损失数万。后来，秦王又起用已告老还乡的王翦。王翦率领六十万军队，陈兵于楚国边境。楚军立即发重兵抗敌。老将王翦毫无进攻之意，只是专心修筑城池，摆出一派坚壁固守的姿态。两军对垒，战争一触即发。楚军急于击退秦军，相持年余。王翦在军中鼓励将士养精蓄锐，吃饱喝足，休养生息。秦军将士人人身强力壮，精力充沛，平时操练，技艺精进，王翦心中十分高兴。一年后，楚军绷紧的弦早已松懈，将士已无斗志，认为秦军的确防守自保，于是决定东撤。王翦见时机已到，下令追击正在撤退的楚军。秦军将士人人如猛虎下山，直杀得楚军溃不成军。秦军乘胜追击，势不可挡。公元前223年，秦灭楚。

【用计锦囊】

在敌人气势正盛，或自己已经占据十分有利地形的情况下，为了避开敌人的锋芒，增强自己的力量，为了审时度势，寻找战机，首先主动采取守势，一边积极防御，一边养精蓄锐，并因势利导地控制敌人，调动其在预设的战场上四处奔命，待敌人疲惫不堪、锐气削减，敌我态势发生变化时，再后发制人，一举破敌。

本计的特点是，强调把握战场的主动权，以引诱敌人，『调动』敌人，疲劳敌人，然后捉住战机，克敌制胜。按《损》卦的说法，就是：以静制动，『损刚益柔』。

以逸待劳之计有四个含义：

一、养精蓄锐。凡要攻击敌人，自己首先要有足够的力量，在自己的力量尚不足以击败敌人时，避免过早地同敌人直接交战，而应主动退守，抓紧时机，扩充力量，使我由弱变强。

二、疲劳敌人。在敌人力量比较强大，气势比较凶猛之时，为了减少不必要的牺牲，而采取调动敌人四处奔命的方法，使其体力疲惫，士气低落，进而削弱其力量。

三、以守为攻。有时防守是为了准备更大的进攻，有时防守本身就是一种特殊的进攻方式，这时的『不战』便是战，战便是不战，所谓『此时无声胜有声』。在特殊情况下，积极主动自守的不战策略，对敌人力量的消耗，斗志的消磨，甚至比刀枪相拼的效果更好。

四、等待时机。时机不成熟时要善于等待时机，可以采取退避三舍、虚于应付、慢火煎鱼、故意拖延等办法与敌人巧妙周旋，时机一到，转守为攻，一鼓作气消灭敌人。时机不成熟不动如山岳，时机一到动如脱兔。

对以逸待劳之计应采取如下防范对策：

一、先处阵地。《孙子兵法》中说：『凡先处战地而待敌者佚。』及早进入战地，就有充分的时间进行休整，进行战前准备，就能全面熟悉环境，就能掌握战争的主动权，所谓『先下手为强，后下手遭殃』。

二、以简驭繁。舍去枝叶，留其主干；舍掉不必要的行动，加强关键的程序；控制多余的消耗，把好钢用在刀刃上；以精干灵活的机动部队与庞大拖累的部队进行周旋；提纲挈领，纲举目张。

三、以静应动。以不变应变，以不动应动，『任凭风浪起，稳坐钓鱼船』，如果随波逐浪，那么浪不止，人不停，就会穷于应付，终至困顿。只有静静地垂钓岸边，才能待得鱼儿上钩。

四、以枢应环。枢就是门轴，门轴的转动带动门扇的转动。其特点就是以小动制大动，以小变应大变。门扇由闭而开，门轴只是微微地转动一下，但仍在原地不动。同样，我们若以小动、小变来应付敌人的大动、大变，我们就会相对地付出较少的代价，换取敌人较大的代价。

五、暗中蓄锐。待敌人疲劳的过程中，除了敌人被削弱，而使自己的力量相对增强，还要积极利用这个时机，暗中养精蓄锐，才能使自己的力量有绝对的增强。

第五计　趁火打劫

【原文】

敌之害大，就势取利。刚决柔也①。

【注释】

①刚决柔也：《易经·夬卦》：『彖曰：夬，决也，刚决柔也。』意思是说：夬，就是决断，犹如阳刚君子果断地制裁阴柔小人。运用到军事上，就是当战争形势对自己有利时，要果断地进攻战胜敌人。

【译文】

敌人内部祸患严重，就要乘机出兵夺取利益。当形势对自己有利时，就要果断地战胜对方。

【按语】

敌害在内，则劫其地；敌害在外，则劫其民；内外交害，则劫其国。如越王①乘吴国内蟹稻不遗种②而谋攻之。后卒乘吴北会诸侯于黄池③之际，国内空虚，因而捣之，大获全胜。

【注释】

①越王：春秋时越王勾践，曾因战争失败而甘做吴王奴隶，卧薪尝胆，以图复仇，后果然打败吴王夫差，得偿所愿。

②蟹稻不遗种：螃蟹死光，水稻颗粒无收。指大灾害。

③黄池：地名，今河南封丘县内。公元前482年，吴王夫差和晋、鲁等国到黄池会盟，争当霸主。越王勾践趁吴国空虚，出兵吴国。

【译文】

敌人的内部有忧患，就抢占他的土地；敌人的外部有忧患，就掠夺他的百姓；敌方既有内忧又有外患，就劫掠他的国家。比如，春秋时，越王勾践乘吴国遭受大的自然灾害，连螃蟹、稻子都死绝时，谋划进攻吴国。后来终于趁吴王夫差北上黄池与各国诸侯会盟之际，因其国内空虚，便大举进攻吴国，终于大获全胜。

【传世典故】

趁火打劫原意是趁别人家里发生火灾，正处于一片混乱时，乘机抢夺人家的东西。比如趁别人危难时刻，从中捞一把或乘机害人。也就是乘敌人有危机而加以攻击的策略。

本计出自《孙子兵法》中『乱而取之』的思想。

《西游记》中有个故事是说唐僧——唐玄奘离开大唐国，前往西天去取《大乘真经》，一天晚上，他和大弟子孙悟空来到一座庙中投宿。庙里上下房间七十多间，僧客二百余人，甚是红火。唐僧等入内后，庙中老方丈命人敬茶，闲谈间，得知唐僧有一大唐宝物——袈裟。方丈欲开开眼，请唐僧拿出一见。唐僧恐惹事端，执意不肯拿。孙悟空看不过，耐不住方丈的苦苦恳求，于是把带来的袈裟拿出来向僧人炫耀。就在解包袱时，万道霞光透过两层包袈裟的油纸迸射而出，当悟空抖开袈裟时，只见红光满室，彩气盈庭，瑞气千条，真是件世所罕见的宝贝袈裟呀！

方丈一见，顿生歹念，他当即跪倒在地，眼中含泪，苦苦哀告着对唐僧说：『我年老体弱，老眼昏花，实在无法欣赏宝物，可否拿到后房仔细观赏？』

唐僧一时心软，便允了老方丈的请求。

老方丈将袈裟拿到后房后，越看越爱，越看越想据为己有，于是就和手下的僧人商议怎样才能将袈裟夺取过来。一个名叫广谋的和尚说：『何不放一把火，将禅堂烧掉，好将他们师徒二人烧死。就算他们逃得出来，也说袈裟被大火烧在了里面，谅他们无可奈何，无非给他们些银两了事。』

方丈觉得此计甚妙，于是就将众僧唤来，用柴草把禅堂圈了个密不透风。悟空此时尚未睡着，听见门外声响，便变成一只小蜜蜂飞出禅堂。只见四圈大火突起，放火的和尚还在手执火把得意地狂笑。悟空一怒之下，一个筋斗翻到南天门，向广目王借了『避火罩』，回去罩住了唐僧、白马；然后又念了个咒语，一口气吹过去，霎时间狂风大作，火势向四周蔓延开来，愈烧愈旺，把个观音庙烧得通红，唯有唐僧和白马所在的禅堂得以幸免。

在反转扑来的大火面前，众僧侣抱头乱窜，哭天号地，现在成了他们引火烧身，自食其果了。

没想到，螳螂捕蝉，黄雀在后，这场大火惊动了四周山上所有的野兽和鬼怪。风音院正南二十里处有一座山，叫黑风山；山中有一洞，叫黑风洞；洞中有一妖怪，叫黑风怪。它与这方丈素有交情，见院中起火，急忙前去相救。赶到观中，见到那方丈屋里的璀璨袈裟，认得是佛门之宝，顿时起了贪念，于是便不再救火，拿起那袈裟，趁火打劫，驾起黑云，径直返回了它的山洞。

趁火打劫一词即由此而来。

【用计锦囊】

在敌人方面发生严重危难，因而穷于应付，自顾不暇的时候，也正是其防卫能力最弱的时候，要充分利用这个由敌人自己为我们提供的可乘之机，向敌人发起突然进攻，夺取胜利，就可以收到事半功倍的效果。

此计有四个含义：

一、乘危取利。选择敌人发生危难之时，向敌人发起主动进攻，夺取利益，往往很容易获得成功，也可称为乘间取利，乘人之隙。

二、落井下石。当敌人已遇到危难时，我们乘机再给他制造更多的困难，这样就可以轻易地把敌人置于死地，也可称为火上浇油。

三、明助暗夺。对方后院『起火』，我方装出『救火』的姿态前去凑热闹，这样既不会被对方拒绝，也不会引起对方的注意。在『救火』过程中，我方便暗中捞取好处，或在暗角再点『新火』。

四、入伙分利。火是别人放的，别人在趁火打劫，这时我方乘机插手，助上一臂之力，事成之后，论功分肥。

对趁火打劫之计，应采取如下防范对策：

一、防患于未燃。敌人可乘之机就是我们『家里着火』。根除了『失火』的火源，使我们这里不发生火灾，那么，敌人就无可乘之机了，这是最根本的防范措施。

二、团结一致。如果敌人乘我们内乱之时，来进攻的话，那么，自己内部发生矛盾的双方要清醒地认识到『鹬蚌相争，渔人得利』的道理。立即捐弃前嫌，一致对外，这样大家方能得以保存。

三、关好门户。趁火打劫一般都是乘隙取利，乘乱取利，如果我们关好门户，防止外人乘机进入，那样敌人也就找不到可乘之『隙』了；如果我们虽遇危难，仍然临危不乱，井然有序，敌人也就无可乘之『乱』了。

四、重点防卫。遇到危难，损失是很难免的，但要尽量减少大的损失。坛坛罐罐都照顾好是不可能的，但家里的金银细软，要看管得当，所以要根据敌人的特点、敌人可能来打劫的方向等情况，事先进行重点防卫，这也是一种积极的方法。

第六计　声东击西

【原文】

敌志乱萃①，不虞②。坤下兑上之象③。利其不自主而取之。

【注释】

①乱志乱萃：萃，丛生的草，象征聚集之意。《易经·萃卦》：『象曰：乃乱乃萃也，其志乱也。』其意是：行动混乱并与人杂聚一起，其心志已经迷乱。

②不虞：意料不到。指将会有预料不到的事情发生。

③坤下兑上之象：指泽地萃卦的卦象。坤象征地，兑象征泽。《易经·萃卦》：『象曰：泽上于地，萃；君子以除戎器，戒不虞。』意思是说：水聚集在地上而成泽，象征聚集。君子应当修治兵器，以防意外之事发生。《六十四卦经解·萃》：『泽上于地，则聚水者堤防耳。故有溃决之虞。』意思是说：水聚在地上成泽，要依赖堤防储积，但是，水越聚越多，堤防就有溃决的危险。这是整条计谋的依据。

【译文】

敌人的意志已经混乱，随时都有意料不到的灾祸发生。这是根据萃卦推算的结果。应当抓住敌人失去控制之有利时机而消灭他。

【按语】

西汉，七国反①，周亚夫②坚壁不战。吴兵奔壁之东南陬，亚夫便备西北。已而，吴王精兵果攻西北，遂不得入。此敌志不乱，能自主也。汉末，朱儁③围黄巾④于宛⑤，张围结垒，起土山以临城内，鸣鼓攻其西南，黄巾悉众赴之。儁自将精兵五千，掩其东北，遂乘虚而入。此敌志萃，不虞也。然则声东击西之策，须视敌志乱否为定。乱，则胜；不乱，将自取败亡。险策也！

【注释】

①七国反：指西汉七国之乱。公元前154年，以吴王刘濞为首的七个分封国王，反对汉景帝采纳晁错的『削藩』建议，联合反叛中央，历时三个月，叛乱平息。

②周亚夫：西汉名将，沛（今江苏省沛县）人，绛侯周勃的儿子，初封条侯。景帝三年（公元前154）率兵平定吴、楚等七国之乱，后升丞相职位。

③朱儁：朱俊，东汉会稽上虞（今浙江省上虞）人。公元184年黄巾起义，东汉朝廷派他为右中郎将，与皇甫嵩等镇压黄巾军。后封钱塘侯。

④黄巾：东汉末年，以张角为首创立『太平道』，号召组织农民大起义。公元184年起义，义军头缠黄巾，称黄巾军。后遭政府军和各地豪强、地主武装的血腥镇压而失败。

⑤宛：宛城，今河南南阳。

【译文】

西汉景帝时，吴、楚等七国联合叛乱。西汉名将周亚夫坚守城堡，拒不出战。围城的吴国军队去攻打城的东南角，周亚夫便守备西北角。不久，吴王的精锐部队果然攻打西北角，终究攻不进去。这是敌人将领的意志不乱，能够自主的战例。

东汉末，右中郎将朱隽把黄巾军围困在宛城（今河南省南阳）。他在城外建立包围工事，并垒起小土山来俯视城内的情况。然后，他擂起战鼓，命令军队向城的西南方进攻，黄巾军便奔去守卫西南角。朱隽却亲自率领五千精兵进攻东北角，于是，乘虚攻进城去。这就是敌人的意志已经混乱，不能预料突然事变的战例。

这样说来，声东击西之计，必须以敌人将领的意志是否迷乱作为基础，敌人意志乱了，便能成功；敌人意志不乱，便将会自取失败。这是一条冒险的计策呀！

【传世典故】

声东击西是指表面上声张着去打东边，实际上却攻打西边。军事上是指忽东忽西，巧妙诱敌，给对方制造错觉，乘机消灭敌人的出奇制胜的战术。

声东击西出自《淮南子·兵略训》：『用兵之道，示之以柔而迫之以刚，示之以弱而乘之以强，为之以歙而应之以张，将欲西而示之以东，先忤而后合，前冥而后明。』这段话的大意是：用兵的原则，对敌人先佯做柔弱的样子，而以强大的军事力量去打击他，将要发展，先做出收缩的样子，准备向西面进攻，而先佯做向东进攻，先示以与意图相悖的行动，然后再完成实现意图的行动。先隐藏自己的计划，然后再进行公开行动。

东汉时期，班超出使西域，目的是团结西域诸国共同对抗匈奴。为了使西域诸国便于共同对抗匈奴，必须先打通南北通道。地处大漠西线的莎车国，煽动周边小国，归附匈奴，反对汉朝。班超决定首先平定莎车。莎车国王北向龟兹求援，龟兹王亲率五万人马，援救莎车。班超联合于阗等国，兵力只有二万五千人，敌众我寡，难以力克，必须智取。班超遂定下声东击西之计，迷惑敌人。他派人在军中散布对班超的不满言论，制造打不赢龟兹，有撤退的迹象。并且特别让莎车俘虏听得一清二楚。这天黄昏，班超命于阗大军向东撤退，自己率部向西撤退，表面上显得慌乱，故意让俘虏趁机脱逃。俘虏逃回莎车营中，急忙报告汉军慌忙撤退的消息。龟兹王大喜，误认班超惧怕自己而慌忙逃窜，想趁此机会，追杀班超。他立刻下令兵分两路，追击逃敌。他亲自率一万精兵向西杀班超。班超胸有成竹，趁夜幕笼罩大漠，撤退仅十里地，部队就地隐蔽。龟兹王求胜心切，率领追兵从班超隐蔽处飞驰而过。班超立即集合部队，与事先约定的东路于阗人马，迅速回师，杀向莎车。班超的部队如从天而降，莎车猝不及防，迅速瓦解。莎车王惊魂未定，逃走不及，只得请降。龟兹王气势汹汹，追赶一夜，未见班超部队踪影，又听得莎车已被平定，人马伤亡惨重的报告，大势已去，只有收拾残部，悻悻然返回龟兹。

【用计锦囊】

声东击西，是以制造假象、佯动误敌来伪装攻击方向的谋略。通常是采用灵活机动的行动，不攻而示之以攻，欲攻而示之不攻；形似必然而不然，形似不然而必然；似可为而不为，似不可为而为之。忽东忽西，即打即离。巧妙地制造假象，促使对手的指挥意志发生混乱。我之举动敌人无法推知，我便可以对敌出其不意，攻其不备，一战而胜。

此计一般在我方处于进攻态势的情况下使用。『声东』是虚晃的一枪，所击之『西』是主攻目标。使『西』成为敌方的不备之处或不及之处，是保证此计成功的关键。

我们可以把此计分成以下几种情形：

一、忽东忽西。我方没有固定的进攻方向，一会儿在此，一会儿在彼，忽而出东，忽而出西，敌方摸不清我方的真正意图，只好处处被动设防，穷于应付，时间一长必然只有招架之功，而无还手之力。

二、即打即离。时而前来挑战，时而远远离开；敌方以为我方要打，我方却没有打；敌方以为我方不打，我方却突然发动袭击。

三、发动佯攻。向甲地发动佯攻，借此吸引敌方的注意力，待敌方把兵力调到甲地，我方突然在乙地发起猛攻。

四、避强击弱。在我方忽东忽西的进攻下，敌方把主力布置在错误的地点。这样，我方就避开了敌之锋芒，打击其薄弱环节，一点点吃掉敌人。

对声东击西之计，应采取如下防范对策：

一、常山之蛇，首尾呼应。在常山地方有一种蛇，打它的头，则尾至；打它的尾，则头至；打它的中间，则首尾俱至。为了防止敌人对我施以声东击西之计，必须建立首尾呼应之阵。一处受到攻击，另一处马上可以赶到救援，这样即使一时不能识破敌人的假象，也有应急的办法。

二、善于分析。发现反常，假的就是假的，总有蛛丝马迹要露出来，只要我们善于分析，总是可以发现破绽的。例如，佯攻一般都是『雷声大雨点稀』，旗也比正常的多，鼓也比正常的响，行动却比正常的慢，并同时表现出鬼鬼祟祟、十分神秘的样子来。

三、要进行替换思维。就是站在敌人的角度来进行思考，经常向自己提出：『如果我处在他的地位，我应该怎么办？』如果敌人的所作所为与自己所设想的不一样，甚至完全相悖，那么就应该考虑其中是否有诈。如果觉得可疑，一定要早做防范。

第二章 敌战计精注全译

第七计 无中生有

【原文】

诳①也，非诳也，实其所诳也。少阴，太阴，太阳②。

【注释】

①诳：欺诈，欺骗行为。这里指用假象欺骗人。

②少阴，太阴，太阳：是四象中的三象，叠起为风雷益卦。《易经·益卦》：『益，利有攸往，利涉大川。』意思是：有利于前进，有利于渡过大河。这是一种冒险成功的启示。由少阴之象而积累为太阴之象，『阴极阳生』，则必然转化为太阳之象。阴若代表假象，阳则为实相。由小的假象而促成大的假象，似乎是确实的假象，最后将这种假象变成实相。

【译文】

用假象去欺骗敌人，但不是要一直弄假，而是要使敌人信假是真，然后，巧妙地由假象变成真相，利用假象掩护真相。按照益卦的原理，用小的假象而促成大的假象，最后突然变成真相。

【按语】

无而示有，诳也。诳不可久而易觉，故无不可以终无。无中生有，则由诳而真，由虚而实矣。无不可以败敌，生有则败敌矣。

如令狐潮①围雍丘，张巡②缚稿为人千余，披黑衣，夜缒城下。潮兵争射之，得箭数十万。其后复夜缒人，潮兵笑，不设备。乃以死士五百砍潮营，焚垒幕，追奔十余里。

【注释】

①令狐潮：唐朝叛将安禄山的部将。

②张巡：唐将，安史之乱时，起兵守雍丘，打败令狐潮。公元757年移守睢阳（今河南省商丘南），城陷被杀。

【译文】

没有而装作有的样子，这是一种骗局。骗局不能长久，否则易被识破，所以没有不能永远没有。从没有变成有，这就是由假象变成真相，由不存在变成存在。假象是不能够打败敌人的，只有从假象变成真相，才能打败敌人。

比如，安史之乱时，令狐潮围了雍丘（今河南省杞县），城中守将张巡下令扎了一千多个稻草人，并为它们披上黑衣，然后在晚上用绳子缒下城去。令狐潮的士兵以为城里出兵偷袭，争相放箭，结果张巡赚了几十万支箭。后来，又将他的士兵在夜里缒下城去，令狐潮的士兵见了，都笑起来，毫不做战斗准备。于是，张巡以五百名敢死士冲击令狐潮的军营，并焚烧了他们的营幕和工事，一直追杀了十多里。

【传世典故】

无中生有，这个「无」，指的是「假」，是「虚」；这个「有」，指的是「真」，是「实」。无中生有，就是真真假假，虚虚实实，真中有假，假中有真，虚实互变，扰乱敌人，使敌方造成判断失误，行动失误。

本计计语出自中国古代哲学家道家始祖老子的《道德经》第40章：「天下万物生于有，有生于无。」老子揭示了万物的有与无相互依存、相互变化的规律。我国古代军事家尉缭子把老子的辩证法思想运用到军事上，进一步分析虚无与实有的关系。《尉缭子·战权》中说：「战权在乎道之所极，有者无之，安所信之？」主张以无的假象迷惑敌人，乘敌人对「无」习以为常之际，化无为有，化虚为实，出其不意，打击敌人。可见，本计的特点是，制造一种假象，有意让敌人识破，使之失去警惕，然后又化无为有，化假为真，化虚为实；真的攻击敌人了，而敌人却仍然以为是假的，不做防备，从而为我所乘，战而胜之。

唐朝安史之乱时，许多地方官吏纷纷投靠安禄山、史思明。唐将张巡忠于唐室，不肯投敌。他率领两三千人的军队守孤城雍丘（今河南杞县）。安禄山派降将令狐潮率四万人马围攻雍丘城。敌众我寡，张巡虽取得几次突击出城袭击的小胜，但无奈城中箭支越来越少，赶造不及。无有箭支，很难抵挡敌军攻城。张巡想起三国时诸葛亮草船借箭的故事，心生一计。急命军中搜集秸草，扎成千余个草人，将草人披上黑衣，夜晚用绳子慢慢往城下吊。夜幕之中，令狐潮以为张巡又要乘夜出兵偷袭，急命部队万箭齐发，急如骤雨。张巡轻而易举获敌箭数十万支。天明后，令狐潮知已中计，气急败坏，后悔不迭。第二天夜晚，张巡又从城上往下吊草人。贼众见状，哈哈大笑。张巡见敌人已被麻痹，就迅速吊下500名勇士，敌兵仍不在意。五百勇士在夜幕掩护下，迅速潜入敌营，打得令狐潮措手不及，营中折将，只得退守陈留（今开封东南）。张巡巧用无中生有之计保住了雍丘城。

【用计锦囊】

无中生有中的『无』，即指迷惑敌人的假象，『有』就是在假象掩盖下的真实企图。空虚无有本身不可以战胜敌人，只有人为制造出虚假的东西，才可以战胜敌人。虚假的东西怎样才能掩盖真实的企图呢？其一，在短时间内，假象不可以有半点纰漏。其二，蒙蔽的对象是那些头脑过于简单过于谨慎的指挥官，并要选择较适当的时机。

此计可分解为三步：第一步，示敌以假，让敌人误以为真；第二步，让敌方识破我方之假，掉以轻心；第三步，我方变假为真，让敌方仍误以为假。这样，敌方思想已被扰乱，主动权就被我掌握。使用此计有两点应予注意：第一，敌方指挥官性格多疑，过于谨慎的，此计特别奏效。第二，要抓住敌方思想已乱迷惑不解之机，迅速变虚为实，变假为真，变无为有，出其不意地攻击敌方。

无中生有之计有三种含义：

一、凭空捏造。把不存在的东西说成事实，把张三的帽子给李四戴，把蚊子说成大象。这样做的目的是为了消灭敌人，陷害他人，为自己谋得利益。

二、以假代真。把假的装扮成真的，化假为真，以此招摇撞骗，试探风声，捞取好处。

三、无事生非。在敌方处于平静、无纷争的情况下，我方利用虚假的情报或制造谣言，使敌方发生混乱，然后我方乘虚而入，收到出奇制胜的效果。

对无中生有之计，应采取如下防范对策：

一、不要轻信。正如《六韬》所讲：『信而喜信人者，可诓也。』也就是蒙骗只有在那些头脑简单的人身上才起作用。如果遇事多问几个为什么，特别是对我们的敌人，要进行深入的分析研究，敌人的阴谋就很可能被拆穿。

二、不要松懈。如果敌人翻来覆去重复同样的一件事，特别是一次被拆穿的假象仍一再出现，在其背后就可能掩盖着无中生有的意图。反复造假，必有计谋。这时我们千万不要因敌人的阴谋曾被识破而放松警惕。

三、流言止于智者。散布流言蜚语是敌人施用『无中生有』的一种形式，流言蜚语只有在有市场的情况下才能起作用，如果我们冷静地加以分析，及时地加以抵制，敌人的阴谋就会破产。《军庐经略》中说：『两敌相仇，言不足信。其信之者，必愚将也。唯智将不为人所诓，而能诓人焉。』

第八计　暗度陈仓①

【原文】

示之以动。利其静而有主。益动而巽②。

【注释】

①陈仓：地名，在今陕西宝鸡东二十里处。

②益动而巽：《易经·益卦》：『象曰：益动而巽，日进无疆。』意思是说：顺着常理而行动，就会每天都有增益，直到永远。巽，在八卦中象征风，顺风而行，必然容易。运用到军事上，若要使用暗度陈仓之计，所有行动必须符合一般的战争原则。

【译文】

故意暴露自己的行动吸引敌人，利用敌人专心注意自己的动向而固守不动时，我方则采取主动，偷偷迂回到敌人的另一方袭击敌人。根据益卦原理，作战方法一定要顺乎常理才能有所成功。

【按语】

奇出于正①，无正则不能出奇。不明修栈道②，则不能暗度陈仓。

昔邓艾③屯白水④之北，姜维⑤遣廖化⑥屯白水之南，而结营焉。艾谓诸将曰：『维今卒还，吾军少，法当来渡。而不作桥。此维使化持我，令不得还，必自东袭取洮城⑦矣。』艾即夜潜军，径到洮城，维果来渡。而艾先至，据城，得以不破。

此则是姜维不善于用暗度陈仓之计，而邓艾察知其声东击西之谋也。

【注释】

①奇正：指战争的出奇制胜的变化和一般原则。《孙子·势篇》：『凡战者，以正合，以奇胜。』

②栈道：在险绝的山上或悬崖绝壁用竹木架设的道路。

③邓艾：三国时魏国人，字士载。当初为司马懿掾属，后作为镇西将军，公元263年同钟会分兵入蜀，灭之。后为钟会所杀。

④白水：桓水、强川，源出岷山。当时邓艾与蜀将姜维相拒之地，邓艾在北岸，姜维在南岸。

⑤姜维：三国时蜀将，字伯约，长期与魏军作战，多建奇功。

⑥廖化：三国蜀将，字元俭。

⑦洮城：地名，今甘肃岷县西百里处。

【译文】

出奇制胜，产生于常规的用兵方法。没有按照常规的用兵原则行动，就不能达到出奇制胜的目的。如果没有明修栈道的军事行动，就不会取得暗度陈仓的成功。

三国时，魏将邓艾驻守在白水北岸，蜀将姜维却派遣廖化防守在白水南岸，并且安营扎寨。邓艾对各位将领说：『如今姜维突然回军，我们兵力少，按一般的作战规则，姜维应该过河来攻，然而至今仍不见架桥。这是他让廖化来牵制我，他却想断我的归路，必然率领主力部队向东袭击洮城去了。』于是邓艾连夜带兵回到洮城。果然姜维前来，然而邓艾已经先到，固守城池，结果未被攻破。

这是一则姜维不善于运用暗度陈仓之计，而邓艾却识破了他声东击西之计的战例。

【传世典故】

暗度陈仓为『明修栈道，暗度陈仓』的简化，意思是公开表示要从栈道走出，以佯修栈道，可是却利用佯修栈道的时间，从另外的道路偷偷通过，来到陈仓。现指运用迂回战略，从敌人意想不到的地点、方向发起进攻。

『明修栈道，暗度陈仓』是楚汉相争时，韩信出任大将，首先运用的一个出色计谋。刘邦被项羽封为『汉中王」，从关中迁往汉中途中，一方面为了防止章邯的入侵，另一方面为了麻痹项羽，刘邦命人将一条一百多里长的栈道烧毁了。

公元前207年，项羽在巨鹿（今河北平乡西南）与秦军作战，取得了决定性的胜利。之后，他与各路起义军首领，主要是与沛公刘邦争夺天下，历时四年，史称「楚汉战争」。

公元前206年，项羽率四万大军挺进关中，意欲攻下咸阳。这里土地肥沃，是秦王朝的核心地区，所以秦军把守得很牢。进到函谷关时，他才获悉，刘邦的十万大军早已攻占了咸阳城，并自立为关中王了，因为当时农民起义军领袖楚怀王曾许诺：反秦的起义军中，谁第一个攻下咸阳，谁就是关中王。

被刘邦的战绩激怒的项羽，率兵逼进关中，在鸿门（今陕西省临潼东面）扎下营寨，并宣称要消灭刘邦。这时，刘邦在兵力上处于劣势，不能与项羽发生对抗，所以他亲赴鸿门想稳住项羽。项羽设宴招待刘邦。席间，项羽的谋士范增示意项羽的堂弟项庄在刘邦座前舞剑，企图乘机刺杀他。因为在范增看来，今后刘邦必将是项羽的劲敌。但由于张良和樊哙的保护，刘邦在终席前以「如厕」为借口，逃离项羽的营寨。有一些历史知识的中国人都知道「鸿门宴」的故事和成语「项庄舞剑，意在沛公」。

结果，刘邦把咸阳和关中让给了项羽。项羽则在前206年自封「西楚霸王」。他的势力范围在今江苏、安徽、山东、河南地区，并定都彭城（今江苏徐州市）。中国其余地区被分为十八个封地。项羽希望刘邦离他愈远愈好。于是就把汉中封给刘邦，也就是今四川东部和西部地区以及陕西的西南部地区，再加上湖北一小部。刘邦也就因此获得「汉中王」的称号。自此也就有了汉朝的国号和年号。为了防备刘邦今后有非分之想，项羽把与汉中相邻的关中分成三部分，分别封给三个秦朝降将。直接与刘邦相接的雍王就是原秦将章邯。

这样一来，刘邦不得不离开关中。在从关中迁往汉中途中，他命人将途中一条一百多里长的栈道烧毁。此举一方面可以防止诸侯特别是章邯军队的入侵，另一方面也可以迷惑项羽，似乎刘邦再也无意回关中了。

过了不久，还是在公元前206这一年，没有得到项羽分封的田荣在原先齐国地区起兵反对项羽。刘邦命韩信做好进攻关中的准备。为了蒙骗敌人，韩信派一些士兵前去修复栈道。章邯得知，觉得十分好笑，说："想用这么几个人把栈道重新修好，简直像儿戏一般。"其实韩信并非真的打算从栈道进攻关中。就在重修栈道开始后不久，他已率领刘邦军队的主力从一条小路即故道（今陕西凤翔西北）迂回到了陈仓。章邯仓促应战，结果大败。暗度陈仓是刘邦与项羽一系列战役的开端。这些战役直到公元前202年方告结束，汉朝最终统一天下。

【用计锦囊】

暗度陈仓是以正面佯攻、佯动的迷惑手段，来伪装攻击路线和突破点的谋略。

本计的特点是，将真实的意图隐藏在不令人生疑的行动背后，将奇特的、非一般的、非正规的、非习惯的行动隐藏在普通的、一般的、正规的、习惯的行动背后，迂回进攻，出奇制胜。『明修栈道』表示公开的行动，『暗度陈仓』表示隐藏的真实意图。

此计适合在我方不便正面进攻，而又另有可『渡』之路的情况下使用。『明修栈道』是做样子给敌人看的，以便吸引和牵制敌人的有生力量，而『暗度陈仓』是我方所要达到的真实意图。修栈道要『明』，让敌人知道，渡陈仓要『暗』，掩人耳目。只有做到这一『明』一『暗』，才能保证行动的成功。

应用于商战，此计可引申为：故意暴露自己的行动，以迷惑麻痹竞争对手或以此吸引顾客，然后暗中准备行动，战胜对手或赢得顾客。

在战时，运用暗度陈仓的谋略，可以攻敌不备，获取胜利。在平时，运用暗度陈仓的谋略，可以化险为夷，甚至兴业发家。

暗度陈仓有三种含义：

一、以迂为直。本来在修好栈道之后，全军通过栈道进攻敌人是一条直而近的路，但是修好栈道需要一定的时间，同时在栈道的另一边，敌人已派重兵防守，很难一下攻破。而绕道陈仓虽然多走一些路，但一则可以使行动立即付诸实施，一则可绕过敌人的防御线，这样时间快，阻力小，从效果上看大大优于出兵栈道。所以有时看起来是迂远曲折的途径，却可以达到近直的目的。

二、以明隐暗。一明一暗两套办法同时使用，明的一套大张旗鼓，让敌人知道；暗的一套『藏于九地之下』，敌人无法发现。明的一套为假，暗的一套为真，用明的一套来掩盖暗的一套，暗的一套才能得以顺利实施。这是一种偷袭战术。

三、以正隐奇。奇正是用兵的变法和常法，《孙子兵法》中说：『凡战者，以正合，以奇胜。』就是打仗作战，一般都是以正兵当敌，以奇兵取胜。本计就是让敌人错误地认为我们是在按常规的战法作战，而实际我们是在暗中使用奇兵，出奇制胜。公开使用的战法常规，是为了掩护机变灵活的非一般战法。

对暗度陈仓之计应采取如下防范对策：

一、布成圆阵。《孙子兵法》中说：『浑浑沌沌，形圆而不可败也。』就是在混沌不清的情况下打仗，必须把队伍部署得四面八方都能应付自如，使敌无隙可乘，无法战败我。在任何情况下，都不可摆出只能应付一种情况的阵势，这样的临战状态，必然失败，因为战场上的情况是多变的。如果布成圆阵，既可对付栈道方面来的敌人，也可对付陈仓方面来的敌人。

二、善于侦察。要多方收集情报，发现敌人的近期情况及动向，尽早发现向陈仓移动的部队，并尽早加以防备，使敌人偷袭的目的不能得逞。

三、事先堵死陈仓之路。如果我们能在敌人之前发现陈仓之路，不等敌人来到就堵死这条路，那么敌人就会不战自退，或反被陷于困境。

第九计　隔岸观火

【原文】

阳乖[①]序乱，阴以待逆。暴戾恣睢[②]，其势自毙。顺以动，豫；豫，顺以动[③]。

【注释】

①乖：违背，不协调。

②暴戾恣睢：暴戾，残暴凶狠；恣睢，横暴的样子。凶恶残暴，任意横行。

③顺以动，豫；豫，顺以动：《易经·豫卦》：『象曰：豫，刚应而志行，顺以动，豫；豫，顺以动。』《易·豫卦·疏》：『谓之豫者，取逸豫之义。以和顺而动，动不违众，众皆豫悦也。』其意思是说：顺应时机，采取和顺的态度，就会愉快。

【译文】

敌人的分裂已经趋于公开，秩序开始混乱，我方则暗中等待他们内部发生暴乱。任意横行，穷凶极恶，势必自取灭亡。应时而动，态度和顺，就会得到愉快的结果。

【按语】

乖气浮张，逼则受击，退则远之，则乱自起。

昔袁尚、袁熙①奔辽东，众尚有数千骑。初，辽东太守公孙康②恃远不服。及曹操破乌丸③，或说操遂征之，尚兄弟可擒也。操曰：『吾方使康斩送尚、熙首来，不烦兵矣。』九月，操引兵自柳城还，康即斩尚、熙，传其首。诸将问其故，操曰：『彼素畏尚等，吾急之，则并力；缓之则相图。其势然也。』或曰：此兵书火攻之道也。按兵书《火攻篇》④，前段言火攻之法，后段言慎动之理，与隔岸观火之意，亦相吻合。

【注释】

①袁尚、袁熙：三国时袁绍的儿子，袁绍死后，袁尚、袁熙逃奔辽西乌丸。乌丸败，又投奔辽东公孙康，被公孙康所杀。

②公孙康：三国时期公孙度的儿子，曾割据辽东。后被曹操任命为左将军。

③乌丸：又称乌桓，东胡族。

④火攻篇：《孙子》篇目之一。

【译文】

敌人的内部矛盾已经暴露出来了，如果逼近他们，就会受到他们的联合还击。如果让开他们远远地避开，那么，他们的内乱就会发生了。

从前三国时，袁绍的儿子袁尚、袁熙投奔辽东太守公孙康，还带领着几千名骑兵。原先公孙康依仗自己所处的地方偏远，而不肯屈从曹操。等到曹操击败了乌丸以后，有人建议曹操乘胜远征公孙康，就能够抓住袁氏兄弟。曹操说：『我正要让公孙康杀掉袁尚、袁熙，把他们的头送来呢，不用劳师动众去远征了。』九月，曹操率领大军从柳城（今辽宁省锦县西北）撤回，公孙康就杀了袁尚、袁熙，把脑袋送来了。各位将领向曹操请教原因。曹操说：『公孙康素来害怕袁氏兄弟，如果我急于用兵，他们定然联合抗拒；如果放松一下，他们就会自相火并，这是必然的发展趋势。』

有人说：这是兵书中『火攻法』的原理。按：《孙子·火攻篇》所论，前段谈火攻的法则，后段谈慎重用兵的理论，与隔岸观火的意思也是互相吻合的。

【传世典故】

隔岸观火比喻在别人出现危难之时，袖手旁观，待其自毙。在军事上指不靠直接交战，而在敌人内部自相倾轧时，采取坐山观虎斗的态度，促使其矛盾更加激化，在其两败俱伤时，从中取利。

此计起源于《孙子·军争篇》中的『以治待乱，以静待哗』。计名原意为隔着河观看人家起火，等待机会牟利，即指己方立于一旁观他者之意。在《孙子兵法》中还提到：『名君名将常以慎重的态度以达成战争的目的。他们若无有利的情况或必胜之优势绝不起来作战行动，若非万不得已时绝不采取军事行动。』

而且即使我方兵力有必胜的优势，亦不可不分青红皂白地采取攻击行动，因为就算我方真的胜利，亦免不了要付出相当的死伤代价，此种胜算不是最佳的作战方式。

尤其是当对方内部产生纷扰时，我方更应该袖手旁观，以待对方自灭，才是明智之举。在敌方内争纷起时，己方若立即攻击，虽有战胜的可能，但亦可能造成使对方因而团结抗战的反效果，因此算不得是好战略。总之，仔细观察敌情、正确判断，才是成功的『隔岸观火』的策略，达到不战而胜的目的。

东汉末年，袁绍兵败身亡，几个儿子为争夺权力互相争斗，曹操决定击败袁氏兄弟。袁尚、袁熙兄弟投奔乌桓，曹操向桓进兵，击败乌桓，袁氏兄弟又去投奔辽东太守公孙康。曹营诸将向曹操进言，要一鼓作气，平服辽东，捉拿二袁。曹操哈哈大笑说，你等勿动，公孙康自会将二袁的头送上门来的。于是下令班师，转回许昌，静观辽东局势。公孙康听说二袁来降，心有疑虑。袁家父子一向都有夺取辽东的野心，现在二袁兵败，如丧家之犬，无处存身，投奔辽东实为迫不得已。公孙康如收留二袁，必有后患，再者，收容二袁，肯定得罪势力强大的曹操。但他又考虑，如果曹操进攻辽东，只得收留二袁，共同抵御曹操。当他探听到曹操已经转回许昌，并无进攻辽东之意时，认为收容二袁有害无益。于是预设伏兵，召见二袁，一举擒拿，割下首级，派人送到曹操营中。曹操笑着对众将说，公孙康向来惧怕袁氏吞并他，二袁上门，必定猜疑，如果我们急于用兵，反会促成他们合力抗拒。我们退兵，他们肯定会自相火并。结果果然不出所料。

【用计锦囊】

隔岸观火，就是『坐山观虎斗』『黄鹤楼上看翻船』。敌方内部分裂，矛盾激化，相互倾轧，势不两立，这时切切不可操之过急，免得反而促成他们暂时联手对付你。正确的方法是静止不动，让他们互相残杀，力量削弱，甚至自行瓦解。

此计的特点是：以静观变，随变而动，使敌人内部自相残杀、自相削弱。当这两股敌对势力相争时，既不援助，也不鲁莽干涉，静观其变化，直到事情发展到有利于自己的地步，才相机行动，及时出击，坐收渔利。

使用此计的先决条件，一是有『火』可观，即敌方出现秩序混乱的局面；二是有『岸』可隔，因为在无『岸』的情况下，观『火』的风险是很大的。

一般说来，在自己不宜出战、无力出战或者不便出战之时，均可以采取『观』的态度。『观』的办法有多种：①袖手旁观；②静而暗观；③退而远观；④顺而动观。

此计的含义有以下三种：

一、先为不可胜。《孙子兵法》说：『昔之善战者，先为不可胜，以待敌之可胜。』在『火』旺盛的时候，切不可首先趋近取『栗』，否则会引火烧身。应当『隔岸』观察『火』的动向，这样可以确保自身的安全。待到机会到来时，再采取行动，定能一举成功。

二、坐山观虎斗。在通常情况下，外部矛盾的加剧会促使内部矛盾的缓解，外部矛盾的缓解会导致内部矛盾的加剧。在两虎相斗时，可以坐山静观，让它们互相撕咬，两败俱伤。

三、坐收渔利。『观火』不是最终目的，『观火』是为了取利。因此，在鹬蚌相争之时，要抓住双方不能自拔的有利时机，收取渔人之利。如果贻误时机，恐为别人所得。

对隔岸观火之计应采取如下防范对策：

一、不要窝里斗。不考虑大的共同的利益，而只是为了一点局部的，小集团的利益而同室操戈，这就等于把屠刀交到敌人手中，使亲者痛、仇者快。

二、家丑不可外扬。自己内部有这样那样的矛盾和分歧是正常的，而不正常的是把这些情报提供给敌人，使敌人有隙可乘。内部的问题要解决在内部。在敌人面前，我们一定要表现出团结一致、牢不可破的气概来，因为血总是浓于水的。

三、要及时觉悟。在我们自己内部发生争斗的时候，更应把眼睛盯在我们的共同敌人身上。一旦发现有人在看『热闹』，想获渔人之利，就应立即觉悟过来，各自主动放手，切莫计较个人恩怨，让给自家人总比同归于尽好。

第十计　笑里藏刀

【原文】

信而安之，阴以图之；备而后动，勿使有变。刚中柔外①也。

【注释】

①刚中柔外：外柔内刚之意，表面上柔顺和悦，内心里却刚强不屈。

【译文】

取得敌人的相信，并使其麻痹松懈，却在暗中策划谋取他们。做好充分准备，而后动手，使敌人来不及应变。这就是表面上和好，内心却藏有杀机的谋略。

【按语】

兵书云：『辞卑而益备者，进也……无约而请和者，谋也。』故凡敌人之巧言令色①，皆杀机②之外露也。宋曹玮③知渭州④，号令明肃，西夏⑤人惮之。一日玮方对客弈棋，会有叛卒数千，亡奔夏境。堠骑⑥报至，诸将相顾失色，公言笑如平时。徐谓骑曰：『吾命也，汝勿显言。』西夏人闻之，以为袭己，尽杀之。此临机应变之用也。若勾践之事夫差，则竟使其久而安之矣。

【注释】

①巧言令色：巧言，说得好听；令色，讨好的表情。花言巧语，讨好于人。

②杀机：杀人的动向。引申为战争迹象。

③曹玮：宋朝大将曹彬之子，有勇谋、善用兵。

④渭州：治所名。北宋时辖地广，相当今甘肃之平凉、华亭、崇信及宁夏之泾源等地。

⑤西夏：古国名，以党项族所建，1038年李元昊定都兴庆（今银川东南）。史称西夏。后为蒙古所灭。

⑥堠骑：堠，古代用来侦察的土堡。堠骑，骑马的侦察兵。

【译文】

兵书写道：『表面上谦卑而实际上加紧战备的定是要图谋进攻……没有具体条约而请求讲和的，定是另有阴谋。』所以，凡是敌人花言巧语讨好于我，都是要消灭我方企图的显露。

宋朝时，曹玮做渭州的知州，号令严明，西夏人很惧怕他。有一天，曹玮正和客人下棋，正好有几千名士兵叛变，逃往西夏。当侦察的骑兵回来报告的时候，许多将官你看我，我看你，惊恐失色，而曹玮却像平时一样谈笑自如。而后慢慢地告诉骑兵说：『这是我的命令，你们不要声张出去。』西夏人听说后，以为是被派来袭击他们的，就把他们全杀了。这就是临机应变谋略的运用。像春秋时勾践侍奉吴王夫差，竟使夫差相信了他，以致麻痹大意，放松警惕，一心贪图安逸，最终为其所灭。

【传世典故】

笑里藏刀原意是形容脸露笑容而心有杀机，或外表和善，内心凶狠。在军事上就是表面缓和，借以麻痹敌人，暗中却积极准备，等待时机，突然行动，一举全歼敌人的策略。

此计出自《旧唐书·李义府传》中的一段描述：『义府貌状温恭，与人语嬉必怡微笑，而偏忌阴贼。既处权要，欲人附己，微忤意者，则加倾陷。故时人言其笑中有刀。』计名原意为以友好的态度接近对方，使对方解除警戒之心的策略，其成功率是很高的。反之，己方亦要严防对方采取这种笑脸战略，须知笑脸之下往往藏着许多诡计。因此，面对敌人时，应提高警觉，做好应付之对策方行。如不能及早有所准备，即很容易陷入敌人的圈套。

战国时期，秦国为了对外扩张，必须夺取地势险要的黄河崤山一带，派公孙鞅为大将，率兵打魏国。公孙鞅大军直抵魏国吴城城下。这吴城原是魏国名将吴起苦心经营之地，地势险要，工事坚固，正面进攻恐难奏效。公孙鞅苦苦思索攻城之计。他探到魏国守将是与自己曾经有过交往的公子卬，公孙鞅心中大喜。马上修书一封，主动与公子卬套近乎，说道，虽然我们俩现在各为其主，但考虑到我们过去的交情，还是两国罢兵，订立和约为好。念旧之情，溢于言表。他还建议约定时间会谈议和大事。信送出后，公孙鞅还摆出主动撤兵的姿态，命令秦军前锋立即撤回。公子卬看罢来信，又见秦军退兵，非常高兴，马上回信约定会谈日期。公孙鞅见公子卬已钻入了圈套，暗地在会谈之地设下埋伏。会谈那天，公子卬带了三百名随从到达约定地点，见公孙鞅带的随从更少，而且全部没带兵器，更加相信对方的诚意。会谈气氛十分融洽，两人重叙昔日友情，表达双方交好的诚意。公孙鞅还摆宴款待公子卬。公子卬兴冲冲入席，还未坐定，忽听一声号令，伏兵从四面包围过来，公子卬和三百随从反应不及，全部被擒。公孙鞅利用被俘的随从，骗开吴城城门，占领吴城。魏国只得割让西河一带，向秦求和。秦国用公孙鞅笑里藏刀计轻取崤山一带。

【用计锦囊】

笑里藏刀以表面上的友好、善良和美丽的言辞、举止作为假象，掩盖阴险毒辣的用心和企图。它的诀窍是：使敌人轻信而安然不动，我方则暗中策划，做好准备，后发制人，不使敌方得以应变，就是暗怀杀机、外示柔和的计策。

使用笑里藏刀一计，要根据敌方指挥员的特点实施，对骄傲自大的要增加他的傲气；对心怀畏惧的，要表示我方的诚意，使敌人放松警惕，我方则暗中准备，寻找有利时机发难。

运用此计的关键在于一个『笑』字。笑必须自然真实，掌握好分寸，使敌人『信而安之』。如果『笑』得做作，『笑』得过火，反而会引起对方的警觉。『笑』的目的是为了『藏刀』。无论何时何地，『刀』要藏在『笑』里，千万不能暴露出来，以防此计被人识破。『刀』可以明出，也可以暗出。『刀』一旦出鞘，要迅速果断，使敌人不及应变。

此计的含义有三种：

一、口蜜腹剑。嘴里讲的话比蜜还甜，心里却藏着一把杀人的利剑。正所谓『笑中有刀潜杀人』。

二、刚中柔外。表面上谦恭和善，骨子里却阴毒无比。这是一种以柔克刚的韬晦之术。

三、伪装顺从。一方面对别人表示诚心服从，按别人的意愿行事；另一方面心怀异志，等待时机，杀人越货。

对笑里藏刀之计应采取如下防范对策：

一、要警惕无缘由的主动亲近。如果敌人突然对我们表现出十分亲近的样子，而我们又一时找不出同我们亲近的缘由来，就应该提高警惕，加强戒备，这很可能就是敌人要向我们发动攻势的信号。

二、对于『辞卑而益备者，无约而请和者』要防。敌人的言辞突然谦卑而实际上又在强紧备战的，没有事先约定而突然来议和的，其中必有阴谋。对于这样的敌人，我们决不能完全相信，要察言观色，看透本质。

三、巧言令色，鲜矣仁。花言巧语的人，我们不能完全相信，这样的人很少讲仁义道德。

四、戒骄戒躁。骄傲自恃，刚愎自用，急躁浮动，喜欢奉承之人，是敌人可利用的心理缺点。敌人之所以能利用我们，是因为我们有可利用之处，要想不被敌人所利用，必须彻底克服可被利用的缺点。

第十一计　李代桃僵①

【原文】

势必有损，损阴以益阳②。

【注释】

①李代桃僵：僵，僵死，枯萎。原意是指代人受过。出自《乐府诗集·鸡鸣篇》：『桃生露井上，李树生桃旁。虫来啮桃根，李树代桃僵。树木自相代，兄弟还相忘？』军事上用『李代桃僵』作计名，是指牺牲自己兄弟部队，来换取战争的胜利，也即以小的代价换取大的胜利。

②损阴以益阳：阴，指小的，局部；阳，指大的，全局。损失一部分，保全大局。即牺牲一部分人或损失一部分地盘来增强全军的主动性，取得战争的胜利。

【译文】

当战局发展必然要有所损失时，要设法用尽可能小的损失换取全局大的胜利。这就是损卦原理的运用。

【按语】

我敌之情，各有长短，战争之事，难得全胜，而胜负之决，即在长短之相较；而长短之相较，乃有以短胜长之秘诀。如以下驷①敌上驷，以上驷敌中驷，以中驷敌下驷之类，则诚兵家独具之诡谋，非常理之可推测者也。

【注释】

①驷：马。

【译文】

敌我双方的情况互有长短。在战争过程中，想取得全胜是很难做到的。而谁胜谁负的关键，取决于双方长处和短处的较量。在长处和短处的较量中，还有以短处胜长处的巧妙方法。

比如战国时，田忌用自己的下等马对付人家的上等马，以上等马对付中等马，用中等马对付下等马，二胜一负。这种例子，确实是军事家独具一格的阴谋诡计，并不是用普通道理可以推测到的。

【传世典故】

李代桃僵原意是以李树代桃树受虫蛀，比喻兄弟间互相爱护、互相帮助，转用比喻互相顶替或代人受过。即用甲来代替乙，或以劣势的兵力牵制优势的敌人，以便为全局争取时间或提供有利条件。

本计语出《乐府诗集·鸡鸣》。诗中说：『桃生露井上，李树生桃旁。虫来啮桃根，李树代桃僵。树林身相代，兄弟还相忘？』此诗的本意是比喻兄弟休戚与共的情谊。后人借『李代桃僵』的成语，表示为借助某种手段，以一事物的损失、牺牲，来换取另一事物的安全、成功，以局部的牺牲换取全局的转危为安的谋略。

战国后期，赵国北部经常受到匈奴国及东胡、林胡等部骚扰，边境不宁。赵王派大将李牧镇守北部门户雁门。李牧上任后，日日杀牛宰羊，犒赏将士，只许坚壁自守，不许与敌交锋。匈奴摸不清底细，也不敢贸然进犯。李牧加紧训练部队，养精蓄锐，几年后，兵强马壮，士气高昂。公元前250年，李牧准备出击匈奴。他派少数士兵保护边寨百姓出去放牧。匈奴人见状，派出小股骑兵前去劫掠，李牧的士兵与敌骑交手，假装败退，丢下一些人和牲畜。匈奴人占得便宜，得胜而归。匈奴单于心想，李牧从来不敢出城征战，果然是一个不堪一击的胆小之徒。于是北率大军直逼雁门。李牧已料到骄兵之计已经奏效，于是严阵以待，兵分三路，给匈奴单于准备了一个大口袋。匈奴军轻敌冒进，被李牧分割几处，逐个围歼。单于兵败，落荒而逃。李牧用小小的损失，换得了全局的胜利。

【用计锦囊】

在两军对峙时，在政治舞台上，在商业竞争中，获得全胜往往很难，有时需要付出一定的代价或做出一定的牺牲。在这种情况下，要恪守『两利相权取其重，两害相权取其轻』的原则，尽量牺牲局部以保全大局，牺牲眼前以希图长远，牺牲他人以拯救自己，牺牲小的利益以换取更大的利益。可见，李代桃僵是一种舍小保大的计谋。

此计以『李』表示做出牺牲的一方，以『桃』表示被保全的一方。因此，『李』与『桃』之间要具备内在的联系，否则无法完成替代任务。要注意『李』轻『桃』重，不能顾此失彼，更不能反向替代。『李』的角色具有悲剧性，若想避免『代桃僵』的命运，应注意这样三条规则：一是非己之过莫要揽；二是是非之地莫要留；三是不白之冤莫要忍。

此计有以下五种含义：

一、丢车保帅。在象棋中，为了保住帅，宁可丢掉最有攻击力的车。此法在军事、外交、政治、经济和日常生活诸领域无不适用。

二、弃子争先。在围棋中，古人有『逢危须弃』的要诀。弃子从表面上看失去了一些棋子，但有利于占据先手，达到全盘棋活的目的。此法亦具有普遍适用性。

三、忍痛割爱。壁虎在尾巴被捉时，会猛力挣断尾巴。壁虎打断尾巴肯定是痛苦的，但为了活命，这样做才是值得的。其实人比壁虎更会忍痛割爱。

四、抓替罪羊。本来自己有罪，却把罪名强加到别人头上，这样便能逍遥法外。这是一种阴险的手段。

五、代人受过。在与自己休戚相关的人即将遭难时，自己主动替他承担罪责。这是一种主动献身的行为。

对李代桃僵之计应采取以下防范对策：

一、非己之过莫要揽。推功揽过虽是一种美德，但只有在正常的同志关系中，才能起到保护好人的作用。如果无原则地承揽别人的过错，很容易被利用，成为别人的挡箭牌，替罪羊。自己的无谓牺牲，反为坏人提供了逃之夭夭的机会和条件。

二、不白之冤莫要忍。在自己受到了不白之冤的背后，肯定会有另一个人逍遥法外，幸灾乐祸。如果我们忍受了别人强加在我们身上的罪责，无疑就成了代替桃僵的李树。所以一旦发现自己被人当了替罪羊时，一定要奋起抗争，莫要忍耐。

三、是非之地莫要留。别人争斗之地，或别人作案之地，即为是非之地。尤其是别人的作案之地，千万不能长时间逗留以防有人移花接木，嫁祸于人。总之不能给别人留有空隙，不能授人以柄。

第十二计　顺手牵羊

【原文】

微隙①在所必乘，微利在所必得。少阴，少阳②。

【注释】

①隙：空隙，漏洞。指可乘之机。

②少阴，少阳：阴之初生，阳之初生。敌人微小的漏洞或失误，可以被我们利用取得胜利。

【译文】

一旦发现微小的漏洞，也要及时利用；不管多么微小的利益，也要力争获得。利用敌方小的疏忽，为我方争取一些小的利益。

【按语】

大军动处，其隙甚多，乘间①取利，不必以战。胜固可用，败亦可用。

【注释】

①乘间：乘，趁着，凭借，利用；间，夹缝，空隙。趁机之意。

【译文】

大部队行动之处，他们的漏洞和疏忽一定很多。趁机争取一些利益，而不必通过战斗。这个方法，胜利者固然可以用，失败者也同样可以用。

【传世典故】

顺手牵羊意思是乘机顺便把别人的羊牵过来，即伺便窃取。比喻顺便拿走人家的东西，或顺势做某件事情。也用以比喻手疾眼快，有借力使力的智能和技巧。军事上是指利用敌方的间隙和薄弱之处，达到发展和取胜的目的。

本计当出自《草庐经略·游兵》：『伺敌之隙，乘间取胜。』后人以顺手牵羊，形象化地比喻乘敌人的小间隙，向敌人的薄弱处发展，创造和捕捉战机的一种谋略。关汉卿著元剧《尉迟恭单鞭夺槊》台词中，就出现了本计计名。《水浒传》第99回写道：『前面马灵正在飞行，却撞着一个胖大和尚，劈面抢来，把马灵一禅杖打翻，顺手牵羊，早把马灵擒住。』但都不是说的战争。战争史上『顺手牵羊』之计，不乏其例。

公元前354年，魏惠王（公元前369—前319）打算进攻北面的赵国。他派遣庞涓率领一支精锐部队向赵国杀去。庞涓没费多大力气就杀到了赵国都城邯郸城下，并包围了邯郸。此时，赵国无力应战，只好派使者向实力雄厚的楚国求救。楚王对于要不要救赵犹豫不决。于是，他召集谋士们商议。楚相昭奚反对出兵，认为应当听凭魏国攻打赵国，楚国可以等他们两败俱伤后，坐收渔人之利。

景舍反对昭奚的主张，提出以救赵为名来削弱赵魏的实力，并顺手牵羊，为楚国谋利的计划，受到楚王的赞赏。楚王任景舍为帅，带领一支人数不多的军队，打着救赵的旗号，跨越赵、楚之间的国界，进入赵国。赵国大将马上将楚国派救兵的消息通告守城官兵，但这一切都没能阻挡庞涓的进攻。围城七个月后，庞涓终于攻克了邯郸。这时，传来齐国派一支军队直趋魏国都城大梁的消息。庞涓得知这一情报后，马上从赵国撤兵回国。半路上，齐军『以逸待劳』，把庞涓率领的魏军打得大败。

魏国和赵国都在战争中受到重创。这对楚国是最好的机会，景舍正是抓住赵国向楚国求救的机会，派兵进入了赵国，而且在魏军撤退之后，不费吹灰之力便『顺手牵羊』，占领了部分赵国领土，胜利实现了昭奚的计谋。

【用计锦囊】

顺手牵羊是看准敌方在移动中出现的漏洞，抓住薄弱点，乘虚而入获取胜利的谋略。古人云：『善战者，见利不失，遇时不疑。』意思是捕捉战机，乘隙争利。当然，小利是否应该必得，这要考虑全局，只要不会『因小失大』，小胜的机会也不应该放过。

实施此计的关键在于『顺手』，即来去顺路，取之顺手，赢之顺时，得之顺便。如果在不顺手的情况下强行取利，不仅徒劳无功，而且会影响原有的主要目的的实现。

羊是一种温驯的动物，只要稍稍牵它一下，它就会随你而来。但是，并不是见『羊』（意外的小利）就牵。首先要观察它是不是诱饵，敌人常常会留下饵食诱你上钩。其次要明确：小利终归是小利，不能代替自己的主要目的。只有在不影响主要目的的实现的前提下，才能顺手去取意外之利。否则就会因小失大，捡了芝麻丢了西瓜。

本计主要有三种含义：

一、微隙必乘。敌方出现的微小漏洞也必须及时利用。敌我双方进行交战或竞争，事先都要进行周密的计划和部署。一般情况下很少会出现大的漏洞或失误等我们去利用，但是在较大的行动中，难免会出现小漏洞或小失误，对此我们要及时、充分地利用它，因为穿透一个蚁穴，就有毁坏长堤的可能。

二、微利必得。极微小的利益，也要力争获得。事物的变化是一个由量变到质变的过程，量变积累到一定程度时，才能引起质的变化。双方的竞争中也是这样，把小的胜利积累起来，可以成为大的胜利，把局部的胜利积累起来，可以成为全局的胜利。所以只要是安全的，顺手可得的小利，也不要轻易舍弃。

三、见利宜疾。见到可取之利，要迅速果断地获取。可取之利，特别是顺手可取之利，一般只能存在于特定的时间和环境中，时过境迁，易取之利会成为难取之利，可取之利会变为不可取之利。所以只有见利不失，遇时不疑地下定决心，手疾眼快，干净利落地采取行动，才能获得成功。

对顺手牵羊之计应采取的防范对策：

一、少出漏洞。敌方之所以能顺利牵羊，主要是利用我方出现的漏洞，如果我方能少出或不出漏洞，敌方也就无可乘之机了。事先的周密计划和事中的严密组织是防止漏洞的有效办法。

二、亡羊补牢。一旦有了漏洞，要及时发现，并立即加以弥补，『亡羊补牢，未为晚也』。如果不及时发现，不及时弥补，其余的羊就会全部丢光。这里有两个问题：一是要尽早知道牢已经破了，羊已经丢了，这就需要及时地反馈。二是在发现问题后，立即做出决断，毫不迟疑地动手补牢，不要存有侥幸心理，更不要懒于动手。

三、小利不弃。如果不属于特殊情况，那么我们也要微利在所必争，无论大利小利都不能轻易放弃，对于乘机取利的人要针锋相对地与之斗争。对于自己的『羊』，要心中有数，要时时看管，不使走散。

四、疑人必防。有些人在牵羊之前，怕人发现，往往要东张西望，鬼鬼祟祟的。一旦发现同我们有利害冲突的人，靠近我们的羊群，就应该提出警告并严加防备，使之牵羊的企图不能得逞。

第三章　攻战计精注全译

第十三计　打草惊蛇

【原文】

疑以叩实①，察而后动②。复者，阴之媒③也。

【注释】

①疑以叩实：疑，有疑点；叩，打探，询问。有疑点就打探清楚。实，确实。

②察而后动：察，弄明白。弄明白后再行动。

③阴之媒：阴，阴谋，计划；媒，媒介，指必要条件。发现阴谋的条件。

【译文】

有了疑点就要打探确实，等到弄明白以后再行动。

根据复卦原理：反复侦察敌人的动向，是发现敌人阴谋的必要手段。

【按语】

敌力不露，阴谋深沉，未可轻进，应遍探其锋①。兵书云：『军旁有险阻、潢井②、葭苇、山林、翳荟③者，必谨复索之，此伏奸之所也。』

【注释】

①探其锋：探，侦察，打听；锋，兵器锐利的部分，也指前锋。此处指敌人部队实力。

②潢井：积水池。陂塘水池。

③翳荟：翳，遮蔽；荟，草多的样子。草木丛生之处。

【译文】

敌人的实力如果不暴露，必定隐藏着深沉的计谋。这时不可轻举妄动，应当广泛地侦察敌人的主力部队的情况。兵书上说：『行军的两旁，如果有险峻的山地或关隘、坑池水网、芦苇树林以及野草丛生的地方，必须谨慎地反复搜索，这些都是敌人有可能设下埋伏的地方。』

打草惊蛇比喻甲乙事情相类似，甲受到打击惩处，就使乙感到惊慌。后用以比喻做事不周密，使对方知道了自己的意图而有所戒备。

【传世典故】

计名『打草惊蛇』，原是借用了一句民间俗语来喻指某种军事谋略。原意是蛇在草丛中，草被搅动，蛇便受惊而走。也有人认为，『打草惊蛇』一语，源出宋代郑文宝《南唐近事》：王鲁为当涂宰，渎物为务，会部民连状诉主簿贪，鲁乃判曰：『汝虽打草，吾已惊蛇。』意思是说：南唐时，有个叫王鲁的人任当涂（今安徽当涂）县令。他生性爱财，贪污受贿。手下的衙吏们也跟着效法，索取贿赂。百姓怨声载道，苦不堪言。有一天，王鲁得知上司要来察访民情，整肃吏治，不禁担忧起自己头上的乌纱帽来。他在批阅公文当中，正好看到本县百姓联名告发他的主簿受贿的一沓状子，更是忧上加忧，神情恍惚。忧虑之中，他不由自主地在一张状子上批了八个字：『汝虽打草，吾已惊蛇。』

后人将这个故事归纳为『打草惊蛇』，用作成语比喻行动不谨慎，使对方事先有所察觉；用作计谋则反其意而用之，字面意义为，用打草这一小行动，使隐蔽的蛇惊动而暴露。

也就是说，无意识地打草惊蛇，会使对手有所警觉，预做防范；而有意识地打草惊蛇，却可以促使对手惊慌失措，显露原形。

因此，打草惊蛇之计，便是通过侦察性的佯动，逼迫隐藏着的对手显露原形的谋略。它的诀窍是：对可疑的地方要侦察实情，在完全掌握情况之后才采取行动。反复查明情况，是发现隐秘敌情的重要手段。

公元前627年，秦穆公发兵攻打郑国，他打算和安插在郑国的奸细里应外合，夺取郑国都城。大夫蹇叔以为秦国离郑国路途遥远，兴师动众长途跋涉，郑国肯定会做好迎战准备。秦穆公不听，派孟明视等三帅率部出征。蹇叔在部队出发时，痛哭流涕地警告说，恐怕你们这次袭郑不成，反会遭到晋国的埋伏，只有到崤山去给士兵收尸了。果然不出蹇叔所料，郑国得到了秦国袭郑的情报，逼走了秦国安插的奸细，做好了迎敌准备。秦军见袭郑不成，只得回师，但部队长途跋涉，十分疲惫。部队经过崤山时，仍然不做防备。他们以为秦国曾对晋国刚死不久的晋文公有恩，晋国不会攻打秦军。哪里知道，晋国早在崤山险峡谷中埋伏了重兵。一个炎热的中午，秦军发现晋军小股部队，孟明视十分恼怒，下令追击。追到山隘险要处，晋军突然不见踪影。孟明视一见此地山高路窄，草深林密，情知不妙。这时鼓声震天，杀声四起，晋军伏兵蜂拥而上，大败秦军，生擒孟明视等三帅。秦军不察敌情，轻举妄动，『打草惊蛇』，终于遭到惨败。当然，军事上有时也可故意『打草惊蛇』而诱敌暴露，从而取得战斗的胜利。

【用计锦囊】

打草惊蛇作为一条计谋，指的是在敌情不明或敌情可疑时，先进行试探性的佯攻，诱使敌人将真实的情况暴露出来。在反复侦察、探听虚实之后，再采取行动，以防堕入敌人设置的陷阱。正如《虎钤经》中所说：『观彼动静而后举焉。』

《孙子·虚实篇》中说：『作之而知动静之理，形之而知死生之地，角之而知有余不足之处。』大意是：用行动来了解动与静的道理，用示形诱敌来摸清地形的有利和不利之处，用小的战斗测验自己的长处和短处。这段话正说出了『打草惊蛇』计的内涵。

运用此计首先要明确何为『草』，何为『蛇』。显然，『草』与『蛇』是两个性质不同却相互联系的事物。『草』暴露于外，『蛇』藏于『草』中。『草』可迅速地向『蛇』传递信息。可见，『草』指敌人的同类，『蛇』指敌人自身。所以，『打草』之后必然『惊蛇』。『兔死狐悲，物伤其类』说的正是这个意思。

本计有以下三种含义：

一、打草惊出蛇。这是一种间接的侦察方法，也叫投石问路、引蛇出洞。前方的道路情况不明，可能有蛇隐伏，如果贸然踏过去，风险很大，通过打草或投石发出声响，敌人误以为我们已到了跟前，便出来发动进攻，结果便自己暴露了自己，就是『观彼动静而后举焉』。火力侦察、先行试点等都属此类。引蛇出洞的目的可以是借此了解蛇的位置力量，了解蛇的意图、动向，便于躲避，也可以是把蛇引出来，便于消灭。

二、打草惊走蛇。这是一种间接驱赶的方法。为了在行路的过程中不致被蛇所袭击，需要把伏在路上的蛇赶跑，因为蛇的样子很令人讨厌，同时又含有剧毒，所以若用棍子直接打，怕它随棍而上，而通过打击路边的草来吓跑草丛中的蛇，是一种有效而无危险的策略。在不便或不愿与敌人直接接触，并且只须将其赶跑的时候，可使用这种间接驱赶的方法。

三、打草惊醒蛇。这是一种间接警告的方法。世界上的事物是互相联系、互相影响的，往往触动一件事物，就会连带相关的事物。如果甲受到打击惩处，会使乙感到惊慌的话，我们就采用打击甲来警告乙的策略。

要防止敌人用打草惊蛇之计来诱骗我们上当。其对策如下：

一、不做亏心事。俗话说：不做亏心事，不怕鬼叫门。我们自己坐得正，行得端，不与坏人同列，不留把柄与人，无论你如何打草，我们也绝不会心惊。

二、要静不露机。当我们隐藏的时候，应十分隐蔽和巧妙，不能让敌人发现一点可疑的痕迹，更不能让敌人了解到我们的意图，隐藏埋伏时，不能自我暴露，要静静地等待出击的时机。

三、不要被敌人的虚张声势所惑。在敌人不了解我们的情况时，往往要采取虚张声势的办法来迷惑我们，诱骗我们。这时我们要能分辨出敌人是否真的发现了我们，若真的发现了我们，则攻击的火力比较集中，猛烈而准确。若是使用打草惊蛇之计，则攻击的火力分散，不猛烈也不持久，经常不断地变换方向。在敌人已发现我们时，要立即出来迎战，切不可迟误，在敌人虚张声势时，要沉得住气，切不可盲动。

四、要留有退路。狡兔三窟，人更应留有退路。在敌人打草之时，防止因牵连而暴露，应该主动地、隐蔽地退走。怎样退？从哪里退？退到哪里？事先都要谋划好。

第十四计　借尸还魂①

【原文】

有用者，不可借；不能用者，求借。借不能用者而用之，匪我求童蒙，童蒙求我②。

【注释】

①借尸还魂：尸，尸体；魂，魂魄。借别人的尸体恢复自己的魂灵。比喻已经死亡的东西，借着另一种形式出现。

作为计谋，代表弱小者或影响较小的人或集团利用已经消亡了的有影响、有感召力的集团或人的影响而活动，扩大自己的势力。

②匪我求童蒙，童蒙求我：《易经·蒙卦》：『彖曰：匪我求童蒙，童蒙求我，志应也。』意思是说：不是我有求于蒙昧的幼童，而是他前来求教于我。彼此志同道合，互为感应，那么，童子则受支配。运用在这一计谋中，便是别人受我控制，我不受制于人之意。

【译文】

凡是有所作为的人，总是难以控制，不可以利用。凡是没有作为的人，总是有求于人，就可以利用。利用没有作为的人发挥作用，使他有所作为。根据蒙卦原理，这不是我受别人支配，而是我支配别人。

【按语】

换代之际，纷立亡国之后者，固①借尸还魂之意也。凡一切寄兵权于人，而代其攻守者，皆此用也。

【注释】

①固：原本，原来。

【译文】

每当改朝换代的时候，总会出现纷纷扶植亡国君主后代的现象，本来就是『借尸还魂』的意思。凡是带军队依托别人，并代替别人进行攻击或防御的，也都是这一计谋的运用。

【传世典故】

借尸还魂原指人死后，将灵附于他人尸体而复活，现比喻已经没落或死亡的事物借助别的事物，又以另一种形式出现。在军事上指善于利用一切可以利用的事物，来实现自己的军事意图。

『借尸还魂』来源于神话传说。从前有一个叫李玄的人，英俊潇洒，博闻强记。太上老君见他聪明伶俐，就收为徒弟，并授以长生不老之术。

一天，他要随自己的师父太上老君到仙界云游，但凡胎肉体上不了天，就只好留下躯体，跟随师父魂游太空了。在自己的灵魂离开躯体之前，李玄对自己的徒弟说：『我的尸体留在这里，你要好好守护，不得有半点马虎，七天之内我就返回。如果到时未归，就是我已成仙了，那时才可将我的尸体火化。』

徒弟遵照师父的吩咐，日夜守护李玄的尸体，已到了第六日，忽然传来母亲病危的消息。徒弟此时十分进退两难，若要回家为母送终，师父的灵魂还没有归还；若要守护师父的尸体，自己难尽孝道，母亲死难瞑目。

后来有人劝说道：『在师徒之义、父母之情不能两全的时候，首先应保全父母之情，何况你师父已六日未归，说不定早已成仙去了。』徒弟只好洒泪将李玄的尸体焚化了。

到了第七日，李玄的灵魂回来了，四下里找不到了自己的尸首，无法还阳。正在急切无奈之时，忽见路旁有一饿死的乞丐，刚刚断气不久，尸体还算新鲜，李玄于慌忙之中，便将自己的灵魂附在了这具乞丐尸体之上。借尸还魂后的李玄，与原来的李玄已面目全非。蓬头垢面，袒腹露胸，并跛一足。为支撑身体行走，李玄对着原乞丐用的一根竹杖喷了一口仙水，竹杖立即变为铁杖。借尸还魂后的李玄也因此被称为铁拐李，而原来的名字却反被人们忘却了。铁拐李借尸还魂的故事还见于元代岳伯川所写杂剧《吕洞宾度铁拐李岳》，后《东游记》也有记载，只情节不尽相同罢了。借尸还魂这一带有迷信色彩的民间传说，后来被人们用来喻指某些已经死亡的东西，又借助某种形式得以复活的现象；有时也可以用来喻指某些新的事物或新的力量借助某种旧的事物或旧的形式求得发展的现象。在上述两种情况下，所谓『尸』『魂』『借』『还』的喻义便都不尽相同了。

【用计锦囊】

借尸还魂原意是说，已经死亡的东西又借助某种形式得以复活。用在军事上，是指利用、支配那些没有作为的势力来达到我方目的的策略。战争中往往有这类情况，对双方都有用的势力，往往难以驾驭，很难加以利用。而没有什么作为的势力，往往要寻求靠山。这个时候，利用和控制这部分势力，往往可以达到取胜的目的。

借尸还魂作为一条计谋，指的是已经衰落或死亡的事物借另一种形式重新出现。从引申的意义来说，处于被动或面临失败的局面时，善于利用一切有利条件，扭转局势，争取主动，实现原先的意图，都可视为借尸还魂。

大凡失败之后有两种态度：一是一蹶不振，自暴自弃，破罐破摔；二是永不认输，寻找机会，东山再起。借尸还魂显然属于后者。此计在政治、经济、军事、外交等领域用处甚广。特别在改朝换代的历史时期，总会有人扶植亡国君王的后代，打起前朝的旗帜以号令天下，这种做法是典型的借尸还魂。

本计有以下三层含义：

一、东山再起。失败之后有两种态度：一种是一蹶不振，自暴自弃；另一种是永不认输，寻找机会，东山再起。本计就属于后一种。在失败时能保持清醒的头脑，冷静进行分析，准确地做出判断，不惜一切手段，积极主动地转败为胜。

二、借形借力。若要东山再起，关键在于会『借』。自己的力量不足以转败为胜，就要借助一切可利用的力量，以壮大自己的力量，争取一切可利用的机会，以增加取胜的可能；借用一切可用的形式，以实现自己的意图。只要能还魂，可以不必计较尸体是脏是跛，另外也可假借他人的名义，推行自己的战略计划。

三、无用之用。借形、借力一般不借有能力、有作为的，因为它们难以驾驭和控制，而应借用那些无能力、无作为的。因为它既可以很方便地驾驭和控制，又不易引起敌人的注意。无用之用，即利用那些所谓无用的东西加以利用。这就是借形、借力的一般原则。

对借尸还魂之计应采取如下防范对策：

一、斩草要除根。如果不将野草连根拔掉，它就会『春风吹又生』，对敌人只是打伤，而不是消灭，他就会在养好了创伤之后卷土重来。所以，我们切不可像孙悟空打白骨精那样，让其弃尸而逃，留下祸根，一再借尸还魂。

二、弃尸要深埋。我们有时也要抛弃一些东西，这些对我们暂时无用的东西，很可能成为以后敌人还魂时所借之『尸』，我们的东西被敌人所借，并用来对付我们，那是十分可悲的事情。为了不使敌人有尸可借，至少从我们这里得不到便宜，我们就应注意将可能被『借』的东西，深埋或隐藏起来，使敌人无机可乘。

三、由表要及里。若敌人已经借到『尸』，并且还其『魂』的话，我们就应该及时识破，揭露其真实的面目。不让他继续为非作歹。识破敌人借尸还魂之计并不容易，因为他给我们的是假象，真实的东西藏在里面。这就需要我们透过现象看本质，由表及里地进行分析判断，以防上当受骗。

四、不为他人作嫁衣。贫穷人家的女子没有钱为自己置备嫁妆，却年年为人家缝制嫁衣，这是出于无奈。见到别人有困难，宁肯牺牲自己的利益，也要去帮助，这是出于自愿。在激烈的、你死我活的竞争中，若要为人作嫁衣，则是愚蠢了。当然有时是在不知不觉中被人利用，一旦发现，就要立即停止。另外在做每件事情之前，都要分析一下，此件事情成功之后，是我们获利多，还是对方获利多。只有我们的获利多于敌方获利时，才可以去做。

第十五计　调虎离山

【原文】

待天①以困之，用人以诱之。往蹇来反②。

【注释】

①天：天时。《孙子·计篇》：『天者，阴阳、寒暑、时制也。』指对战争起重大影响的天气状况和时机。

②往蹇来反：《易经·蹇卦》：『九三，往蹇来反。』意思是说：九三，往前行走有困难，返原处。』象曰：『蹇，难也。险在前也，见险而能止，知已哉。』意思是：往前去有危险，知难而退，是明智之举。运用在战争中，即明知敌人占据有利条件，就不要硬闯，应设法离开他们使他们脱离那些有利条件。

【译文】

等待天时对敌方不利时再去围困他，用人为的假象去诱骗他。根据蹇卦的原理：往前有危险，就反身离开，要知难而退。

【按语】

兵书曰：『下政攻城。』①若攻坚，则自取败亡矣。敌既得地利，则可不以争其地。且敌有主而势大。有主，则非利不来趋；势大，则非天人合用，不能胜。汉末，羌②率众数千，遮虞诩③于陈仓崤谷④。即停军不进，而宣言上书请兵，须到乃发。羌闻之，乃分抄旁县。诩因⑤其兵散，日夜进道，兼行百余里；令军士各作两灶，日倍增之。羌不敢逼，遂大破之。兵到乃发者，利诱之也；日夜兼进者，用天时以困之也；倍增其灶者，惑之以人事也。

【注释】

①下政攻城：《孙子·谋攻篇》：『故上兵伐谋，其次伐交，其次伐兵，其下攻城。』认为攻城是最困难的事，是最下策，是迫不得已的举动。政，即决策。

②羌：古时一支少数民族，活动在西北地区。

③虞诩：东汉将领，字升卿。曾为武都（今甘肃省城县西北）太守，率兵平羌。

④崤谷：山地名，位于今陕西宝鸡西南。

⑤因：趁着。

【译文】

兵书说：『攻城是下策。』倘若硬攻坚固城池是自寻失败。敌人既然占据了有利的地形，就不要去争夺地形。况且敌军已经有了准备，而且实力强大。敌人有了准备，如果不用利诱，他们就不会前来攻我；

敌人实力强大，如果不把天时与人和结合起来共同发挥作用，就不能战胜他。

东汉末年，西羌叛乱。几千羌人把虞诩的军队拦截在陈仓崤谷一带。虞诩就停止进军，而且声言要向朝廷请求救兵，必须等救兵到来才前进。羌人听了，便分散到邻县去掠夺财物。虞诩趁着羌兵已经分散，就不分昼夜进军。急行一百多里，并命令士兵扎营时各做两个炉灶，逐日加倍。羌人以为援兵到了，不敢进攻。于是大败羌人。虞诩言等救兵到了再走，是用利诱的办法；日夜急行军，是给羌人造成天时上的不利而处于被动；加倍修灶，是为了迷惑羌人，在军心上压垮他们。

【传世典故】

调虎离山指设法使老虎离开它所占据的深山，以便于捕获。比喻用计谋使对方离开原来的有利地势，以便乘机进攻。在军事中，指引诱敌人远离其作战的据点，在其没有任何凭借的不利条件下，与之进行决战。

『调虎离山』一语可能源于《管子·形势解》。该篇中有一段这样的话：『虎豹，兽之猛者也，属深林广泽之中则人畏其威而载之。人主，天下之有势者也，深居则人畏其势。故虎豹去其幽而近于人，则人得之而易其威。人主去其门而迫于民，则民轻之而傲其势。故曰：虎豹托幽而威可载也。』意思是说，虎豹是兽类中最威猛的。当它们居住在深山大泽之中时，人们就会因惧怕其威风而敬畏它们。君王是天下最有势力的人。如果深居简出，人们便会害怕它的势力。虎豹若是离开他们所居的深山幽谷而走近人类居住的地方，人们就可以将它捕捉而使之失去原有的威风。做君王的若是离开王宫的门而与普通的人混在一起，人们就会轻视他而以傲慢的态度看待他。所以说，虎豹只有不离开它们居住的幽谷深山，其威风才会使人感到畏怯。这里虽然尚未使用『调虎离山』一语，但已经包含只有将老虎调离深山才能将其制服的意思。

调虎离山之计用在军事上，是一种调动敌人的谋略。它的核心在一『调』字。虎，指敌方；山，指敌方占据的有利地势。如果敌方占据了有利地势，并且兵力众多，防范严密，此时，我方不可硬攻。正确的方法是设计相诱，把敌人引出坚固的据点，或者把敌人诱入对我军有利的地区，这样做才可以取胜。

东汉末年，军阀并起，各霸一方。孙坚之子孙策年仅17岁，年少有为，继承父志，势力逐渐强大。公元199年，孙策欲向北推进，准备夺取江北卢江郡。卢江郡南有长江之险，北有淮水阻隔，易守难攻。占据卢江的军阀刘勋势力强大，野心勃勃。孙策知道，取胜的机会很小。他和众将商议，定出了一条调虎离山的妙计。针对军阀刘勋极其贪财的弱点，孙策派人给刘勋送去一份厚礼，并在信中把刘勋大肆吹捧一番。信中说刘勋功名远播，令人仰慕，并表示要与刘勋交好。孙策还以弱者的身份向刘勋求救。他说，上缭经常派兵侵扰我们，我们力弱，不能远征，请求将军发兵降服上缭，我们感激不尽。刘勋见孙策极力讨好他，万分得意。上缭一带，十分富庶，刘勋早想夺取，今见孙策软弱无能，免去了后顾之忧，决定发兵上缭。部将刘晔极力劝阻，刘勋哪里听得进去，他已经被孙策的厚礼、甜言迷惑住了。孙策时刻监视刘勋的行动，见刘勋亲自率领几万兵马去攻上缭，城内空虚，心中大喜，说：『老虎已被我调出山了，我们赶快去占据它的老窝吧！』于是立即率领人马，水陆并进，袭击卢江，几乎没遇到顽强的抵抗，就十分顺利地控制了卢江。刘勋猛攻上缭，一直不能取胜。突然得报，孙策已取卢江，情知中计，后悔已经来不及了，只得灰溜溜地投奔曹操。

【用计锦囊】

『调虎离山』是一种弱者战胜强者的谋略。之所以要『调虎离山』，是因为『山』是猛虎据以兴风作浪的地盘，在平原，老虎是无法施展其雄风的，只能是连狗也敢欺的『纸老虎』。俗语『虎落平原被犬欺』说的正是这种情况，而这正是猛虎的弱点。

『调虎离山』的关键在于要善于调动敌人，使强敌离开其赖以强大的有利环境或其充分控制的领域，在对敌不利的环境或其力量薄弱的领域里将其制服。

调虎离山之计包含以下三种含义：

一、调虎落平原。虎的威风一是来自它自身的勇猛，二是来自它所盘踞的山势。而山势是它赖以生存和施展威力的必不可少的重要条件，一旦离开了这个重要条件，它自身的勇猛也很难发挥出来。俗话说：『虎落平原被犬欺。』在深山里，犬当然不是虎的对手，但到了平原则成了犬的天下。在犬的势力范围内，虎失去了凭借，只得束手待毙了。所以调虎离山，要将其从最有利的环境中，诱入最不利的环境中。

二、调虎分其势。虎为百兽之王，而百兽又都生活在山中。在山中，虎可借百兽而增势，百兽也可借老虎而显威。它们之间因互相勾结狼狈为奸，更扩大了其威势，增加了与我对抗的力量。如果把老虎诱离深山，使它与百兽分开，就可大大分散减弱虎势，这时再来降虎，就容易多了。

三、调虎占其山。如果我们为了占领虎山，但虎山又有虎守护，我们一时攻打不下，这时可设法把虎引开，使山空虚，我们便可乘虚而入，一举拿下虎山，待虎发觉之后，已无挽回败局的可能。而虎没了老巢，就可以凭我们进一步处置了。即使我们不去理睬它，它也会因失去生活条件，而逐渐自生自灭。

运用调虎离山之计，『调虎』是关键也是难点。一定要审时度势，因势利导，调得巧妙、灵活。大致说来，『调虎』有以下方式：

一、乱之以虚。用虚虚实实的手法迷惑敌人造成敌人在判断上的失误，使其如无头之蝇一样四处乱撞，伺机把敌人引诱到对其不利的地形上。

二、激之以智。用智谋来激怒敌人，使其丧夫理智，轻举妄动。这就是兵法所说的『怒而挠之』。

三、诱之以利。以小恩小惠或巨额利益诱骗敌人离开其赖以生存之地。

四、驱之以害。避害同趋利一样，是人的本性。如果在敌人的内部或外部制造祸害，敌人为了自保就会逃离。

五、晓之以理。如敌人较为明智，就要晓之以利害，使其自动退让。不动干戈之法是上上策。

对调虎离山之计，应采取以下防范对策：

一、利用条件，但不要过分依赖。不能充分巧妙利用客观条件的人，就等于拱手把胜利让给敌人，但是过分地依赖客观条件，把希望全部都维系于某一客观条件上，就会危如累卵，经不起风险，一旦离开这一条件，将必败无疑。

二、先得地利，不要轻易放弃。如果我们已经抢先占有地利，而使敌人处于不利的地位时，就不要轻易放弃这一优势。在这里，经得住诱惑是很关键的素质。

三、留有归路，不要离山太远。如果需要出击时，要事先规划好归山之路，不要出得去，回不来。另外，离开山林不要太远，万一有问题也可及时回救。总之，要把根据地、大本营保护好。

四、提高警惕，不要陷入险地。要了解自己的特点，适于什么样的条件。凡对自己有利的地势、可以前行，凡对自己不利的地势，一定要尽早回避。尤其是敌人极力引诱我们去的地方，更要提高警惕，以防陷入险地而不能自救。

第十六计　欲擒故纵①

【原文】

逼则反兵，走则减势。紧随勿迫，累其气力，消其斗志，散而后擒，兵不血刃。需，有孚，光②。

【注释】

①欲擒故纵：故，有意，故意。想要捉住他，就故意放开他。比喻为了更好地控制他，便有意识地先放松他。『擒』是目的，『纵』是手段。『故』是计谋的要点。

②需，有孚，光：《易经·需卦》：『需，有孚，光亨，贞吉，利涉大川。』意思是说：停止不前，等待时机，心存诚意，就会光明亨通，大吉大利，足以涉河渡江。运用在此计之中就是停止进攻，给敌人一线生机，等待他们企图逃命、没有战斗力的时候，再奋力攻击他们，就会取得更大的胜利。

【译文】

逼得敌人无路可走，他们就会拼命反扑；故意放他一条生路，就会削弱敌人的气势。追击敌人时，紧紧地跟踪而不逼近，以消耗他们的体力，瓦解他们的斗志，等到他们的兵力分散、军心混乱时再去捕捉，就可以避免流血。根据需卦的原理，此计的关键是要停止进攻，让敌人相信还有一线逃跑的希望。

【按语】

所谓纵者，非放之也，随之，而稍松之耳。『穷寇勿追①』，亦即此意。盖不追者，非不随也，不迫之而已。武侯之七纵七擒[2]，即纵而蹑之，故辗转推进，至于不毛之地。武侯之七纵，其意在拓地，在借孟获以服诸蛮，非兵法也。若论战，则擒者不可复纵。

【注释】

①穷寇勿追：《孙子·军争篇》：『围师必阙，穷寇勿迫。』即包围敌人一定要留有缺口，对陷入绝境的敌人不要过分逼迫他。

②七纵七擒：公元225年，诸葛亮南征孟获，七擒七纵，最后孟获心悦诚服，誓不复反。孟获，三国蜀汉南中一带少数民族首领之一。武侯，即武乡侯诸葛亮之爵位。

【译文】

这里讲的『纵』，不是将敌人放走而是在后面跟着他们，不过稍微宽松一些罢了。《孙子·军争篇》中说：『对陷入绝境的敌人不要过分逼迫他。』就是这个意思。我们说『不追』，并不是不去跟踪，只是不过分逼迫他罢了。三国时，诸葛亮七纵七擒，就是释放孟获，而后追踪他，因此转来转去，部队不断推进，终于到人迹罕至的边远地方。诸葛亮的七纵，意图在于扩大疆土，借助制服孟获去收服其他少数民族。这种做法，不符合作战的原则。如果按照作战的原则，被擒住的敌人，是不可以再放掉的。

【传世典故】

欲擒故纵原意是指为了要捉拿它，故意先放开它，使它不加戒备。比喻为了更好地控制，暂且放松一步。军事上指要想使敌军失去战斗力，彻底瓦解，必须示以一线生路，让其抱有不战而求逃生的念头，这样会造成更有利于我的战机。

此计的最早表达是在《老子》第三十六章：『将欲歙之，必固张之；将欲弱之，必固强之；将欲废之，必固兴之；将欲夺之，必固与之。』老子这句话体现出卓越的辩证思想。后世对此多有发挥。《鬼谷子》指出：『去之者纵之，纵之者乘之。』《太平天国·文书》说：『欲擒先纵，欲急姑缓，待其懈而击之，无不胜者。』欲擒故纵，意思是为了捉住敌人，事先要放纵敌人。这是一种放长线钓大鱼的计谋。

诸葛亮七擒孟获，就是军事史上一个『欲擒故纵』的绝妙战例。

蜀后主建兴三年（公元225），蛮王孟获起兵十万反蜀，建宁郡太守雍闿䍧郡太守朱褒，越嶲郡太守高定相继投降，声势甚大。蜀丞相诸葛亮奉旨起兵五十万南征。在智破三郡叛军之后，大军继续向泸水（川滇边境）挺进。适逢马谡奉后主之命前来劳军。诸葛亮久闻马谡才智超群，便虚心问计。马谡曰：『愚有片言，望承相察之。南蛮恃其地远山险，不服久矣。虽今日破之，明日复叛。丞相大军到彼，必然平服；但班师之日，必用北伐曹丕；蛮兵若知内虚，其反必速。夫用兵之道，攻心为上，攻城为下；心战为上，兵战为下。愿丞相但服其心足矣。』诸葛亮很赞同马谡的见地，更坚定了心服蛮王的决心。第一次两军对阵，孟获战败，为蜀将魏延活捉。诸葛亮问他是否心服。孟获说：山僻路狭，误遭汝手，如何肯服？你放我回去，整军再战，若再被擒，我便肯服。诸葛亮当即下令放了他，并给他衣服、鞍马、酒食，派人送他上路。第二次诸葛亮派马岱夜渡泸水，断了蛮军粮道，孟获被部将董荼那、阿会喃等缚送蜀营。诸葛亮对孟获说：你前次说，若再被擒，便肯降服。今日如何？孟获说：这次是我手下人自相残杀，以致如此，如何肯服？诸葛亮又将他放了，并领他参观蜀军营寨，亲自送至泸水边，派船送回。孟获第二次被放回本寨后，首先将部将董荼那、阿会喃杀了，然后与其弟孟优商议以假降方式夜袭蜀营，诸葛亮将计就计，第三次将孟获活捉。但孟获仍然不服，他说：这是因为我弟贪杯，误吃了你们的毒酒，并非我没有能耐，如何肯服？如果你放我兄弟回去，我们收拾兵马和你大战一场，若再被擒，方肯死心塌地归降。诸葛亮第三次又将他放了。孟获愤愤回归本洞，派人带上金银珠宝往八番九十三甸各部落借得精健蛮兵数十万，一路杀气腾腾，来战蜀军。诸葛亮避其锋芒，领军退至西洱河北岸扎营，然后派精兵暗渡至西洱河南岸，抄了蛮军后路，第四次将孟获活捉。诸葛亮问孟获：这次又被我擒了，还有何话可说？孟获说：我误中诡计，死不瞑目。诸葛亮声言要斩，孟获全无惧色，要求再战，诸葛亮只得第四次又将他放了。孟获回去后，又聚集数千蛮兵躲入了秃龙洞，与该洞洞主朵思凭借险山恶水，据守不出。孔明走访当地老人，寻得解毒甘泉和可辟瘴气的薤叶芸香，避过毒泉恶瘴，引军由险径直取秃龙洞，第五次擒得孟获。但孟获仍不服，并说：我祖居银坑山，有三江之险，重关之固，你若能到那里擒我，我便子子孙孙，倾心服侍。诸葛亮只得第五次又将他和孟优、朵思等人放了。孟获连夜奔回银坑山老巢，又请来八纳洞洞主木鹿三万驱兽兵助战。诸葛亮破了孟获之妻祝融夫子的飞刀，布假兽战胜木鹿的兽兵，识破孟获妻弟带来洞主假缚孟获夫妻献降诡计，第六次生擒孟获。但孟获说，这次是我等自来送死，不是你们的本领，如第七次被擒，则倾心归服，誓不再反。孟获回洞后，采纳妻弟带来洞主的建议，从乌戈国请来三万刀剑不入、渡水不沉的藤甲兵，屯于桃花渡口。诸葛亮设疑兵，一步一步地将藤甲兵诱入预伏干柴、火药、地雷的盘蛇谷，堵住前后谷口，纵烈火将乌戈国的三万藤甲兵烧了，第七次生擒孟获。诸葛亮令人设酒食招待孟获夫妇及其宗室，叫孟获回去再招人马来决战。这一次，孟获却不走了，并说：『七擒七纵，自古未有。我等虽然是化外之人，也懂得礼义，难道就如此没有羞耻吗？』于是领各洞蛮民诚心归顺。诸葛亮命孟获继续为蛮王，所夺之地，尽皆退还，蜀军班师，孟获亲自送诸葛亮渡过泸水。后来孟获仕蜀，官至御史中丞。终蜀之世，蛮方一直太平无事。诸葛亮七擒七纵，『纵』的是孟获其人，而最终『擒』得的是蛮王及蛮方百姓的心。精诚所至，金石为开，从此蜀国有了一个巩固的南方，诸葛亮可全心致力于伐魏了。

【用计锦囊】

欲擒故纵中的『擒』和『纵』是一对矛盾，军事上，『擒』是目的，『纵』是方法。古人有『穷寇莫追』的说法，实际上，不是不追，而是看怎样去追。把敌人逼急了，他只得集中全力，拼命反扑。不如暂时放松一步，使敌人丧失警惕，斗志松懈，然后再伺机而动，歼灭敌人。

运用此计要铭记以下三点：

一、跑累了再抓。在敌人觉得有一线生的希望时，他就会拼命地逃走。在惊慌恐惧中拼命逃跑，既是体力上的消耗，也是精神上的消耗，如果我们一直给他施加以死之的威胁，但又留给他以可逃脱的幻觉时，为了避害他就会一直拼命跑下去。人的体力和精力是有限的，最后跑累的时候，他就会自己停顿下，这时他也就丧失了反抗能力，我们便可手到擒来。如果不是在他跑累的时候擒拿他，因为他仍有反抗的能力，很可能会挣个鱼死网破。

二、吹大了再扎。要想把皮球扎破，放掉里面的气，可以先向球里吹气，待球鼓大，把皮撑薄时，再来扎它，就更容易了。由于球皮变薄，有时还会自己破裂，不须别人费力。对待敌人也是这样，有时我们故意退让，骄纵敌人，使其自我膨胀，士气松懈，丧失警惕，我们便可轻而易举地将其攻破。

三、养肥了再杀。养猪是为了杀猪取肉，所以在杀猪之前，要千方百计地把猪养肥，舍不得喂以精饲料，则猪必瘦，急于杀则少得肉，这也是一种辩证关系。所谓的放长线，钓大鱼也是这个意思。大鱼都在水深浪急之处，要舍得投以长线，大饵才行，近处只有小鱼小虾。对待敌人也是这样，我们可以放纵他，使其积累更多的错误，我们处理他就更加名正言顺了，所谓『多行不义必自毙』。

对欲擒故纵之计应采取如下防范对策：

一、及时脱离险境。我们一旦发现自己已经处于被动地位，有被敌人包围的危险时，就应及时脱离险境，主动撤退。因为这时敌人还没有形成严密的包围，我们可以根据自己的判断，任意选择突围的方向和路线，而这时敌人也无思想准备，不会立即反应过来跟踪我们，即使跟踪，我们早已远离是非之地，如果我们继续恋战，敌人密密层层地包围上来，那时我们想走的方向冲不破，能冲破的地方又有危险，就只有自投罗网这样一条路了。

二、快速摆脱跟踪。敌人对我们使用欲擒故纵之计，就必然派人跟踪我们，我们若长时间拖着大尾巴在后面，很快就会被拖垮，所以一旦冲出重围，选准撤退的方向时，就要快速隐蔽地行动，采取金蝉脱壳或瞒天过海之计，摆脱敌人的跟踪，这样才能比较安全。

三、时刻保持警惕。暂且放纵之意就是要消磨我们的斗志，松懈我们的警惕，然后借机突然袭击，打个措手不及。所以我们无论何时何地，都要始终保持高度的警惕性和旺盛的斗志，不因敌人的暂时放松而麻痹大意，给敌人造成可乘之机。

四、尽快重整旗鼓。受到挫折不能灰心丧气，消极逃遁，因这还不是最终的胜负，要反过来利用敌人放纵我们的机会，尽快地重整旗鼓，恢复和壮大自己的力量；或选择有利的地势来对抗敌人，或设好埋伏诱骗敌人，或回转身来反击敌人。总之，要充分利用时机壮大自己，变撤退为反击，变被动为主动。

第十七计　抛砖引玉①

【原文】

类以诱之，击蒙②也。

【注释】

①抛砖引玉：抛出砖去，引回玉来。《景德传灯录·从稔禅师》：『大众晚参，师云：今夜答话去也，有解问者出来。时有一僧便出，礼拜。曰：比来抛砖引玉，却引得个墼子。』墼子，砖坯。后用作成语，一般作谦辞。比喻先发表自己的见解，引出别人的高见。此处作计用。指用同类的现象引诱敌人。

②击蒙：《易经·蒙卦》：『上九，击蒙，不利为寇，利御寇。』意思说：上九，制服蒙昧，不利于进攻，而利于防御。《六十四卦经解·蒙》：『击，治也。』运用在战争中，就是使敌人糊涂，搞不清实际情况，以打败他们。

【译文】

用类似的事物去迷惑敌人，使敌人糊里糊涂上当。

【按语】

诱敌之法甚多，最妙之法，不在疑似之间，而在类同，以固其惑。以旌旗金鼓诱敌者，疑似也；以老弱粮草诱敌者，则类同也。

如楚伐绞①，军其南门。屈瑕曰：『绞小而轻，轻则寡谋，请勿捍采樵者以诱之。』从之。绞人获利，明日绞人争出，驱楚役徙于山中。楚人坐守其北门，而伏诸山下，大败之，为城下之盟而还。又如孙膑减灶②而诱杀庞涓。

【注释】

①楚伐绞：楚、绞，战国时诸侯国。公元前700年，即周桓王五十二年，楚武王进攻绞国。

②孙膑减灶：公元前341年，魏国攻打韩国。齐宣王派田忌、孙膑救韩。孙膑直入魏国，利用魏国人认为齐国人胆怯的心理，用减灶的方法，使庞涓误以为齐军逃兵多而轻骑追击，后兵败自杀。

【译文】

诱惑敌人的方法很多，最妙的方法，不是用似是而非的计策，而是用类似的事物来加强敌人的错觉。用张设旌旗、鸣锣擂鼓去诱惑敌人的，是用疑似法；用老弱残兵和军粮草料去引诱敌人的，才是类似之法。

例如，楚武王率兵进攻绞国。屯扎于绞国都城南门。楚国大臣屈瑕建议说：『绞国虽小而浮躁，浮躁就少谋略。请不要派兵保护上山打柴的樵夫，用来引诱绞军上钩。』楚武王同意了，结果他们被绞军捕获。第二天，绞军都争着出城追截楚国樵夫。伪装打柴的楚兵却向山里奔跑。绞军追到山脚下，一支楚军乘机堵住绞国都城的北门，另一支却埋伏在山脚下大败绞军。绞人只好和楚人订立盟约，举国投降。又如孙膑采取了减灶法，诱使庞涓轻骑追赶，而兵败自刎。

【传世典故】

抛砖引玉原意是指抛出不值钱的砖，引来极金贵的玉。一般作以文会友的自谦辞。比喻，以引出同道者的高论或文艺珍品为目的，而自己首先提出肤浅见识或粗糙作品。军事中常指，主动给敌人一点小的好处，使敌人上钩，借此获取大的胜利。即以小的代价获取大的利益。

抛砖引玉一语出自《传灯录》。传说唐朝诗人常建非常敬佩赵嘏的诗才，几次想要求取赵嘏的诗而不可得。一次，他听说赵嘏要来苏州，认为机会难得，便想出了一个诱请赵嘏作诗的妙计。他断定赵嘏来苏州后，一定要去游灵岩寺，就先在寺前一个显眼的地方，写了言犹未尽的两句诗，赵嘏看到后，果然提笔在后面续了两句，这样四句合在一起，便成了一首完整的绝句。因为赵嘏后续的两句比常建的两句要好，所以后人就称常建的这种做法是抛砖引玉。

此计用于军事，是指用相类似的事物去迷惑、诱骗敌人，使其懵懂上当，中我圈套，然后趁机击败敌人的计谋。『砖』和『玉』是一种形象的比喻。『砖』指的是小利，是诱饵；『玉』指的是作战的目的，即大的胜利。『引玉』是目的，『抛砖』是为了达到目的的手段。钓鱼须用钓饵，先让鱼儿尝到一点甜头，它才会上钩；敌人占了一点便宜，才会误入圈套，吃大亏。

公元前700年，楚国用『抛砖引玉』的策略轻取绞城。这一年，楚国发兵攻打绞国（今湖北郧县西北），大军行动迅速。楚军兵临城下，气势旺盛，绞国自知出城迎战，凶多吉少，决定坚守城池。绞城地势险要，易守难攻。楚军多次进攻，均被击退。两军相持一个多月。楚国大夫莫敖屈瑕仔细分析了敌我双方的情况，认为绞城只可智取，不可力克。他向楚王献上一条『以鱼饵钓大鱼』的计谋。他说：『攻城不下，不如利而诱之。』楚王向他问诱敌之法。屈瑕建议：趁绞城被围月余，城中缺少薪柴之时，派些士兵装扮成樵夫上山打柴运回来，敌军一定会出城劫夺柴草。头几天，让他们先得一些小利，等他们麻痹大意，大批士兵出城劫夺柴草之时，先设伏兵断其后路，然后聚而歼之，乘势夺城。楚王担心绞国不会轻易上当，屈瑕说：『大王放心，绞国虽小而轻躁，轻躁则少谋略。有这样香甜的钓饵，不愁它不上钩。』楚王于是依计而行，命一些士兵装扮成樵夫上山打柴。绞侯听探子报告有樵夫进山的情况，忙问这些樵夫有无楚军保护。探子说，他们三三两两进山，并无兵士跟随。绞侯马上布置人马，待『樵夫』背着柴火出山之机，突然袭击，果然顺利得手，抓了三十多个『樵夫』，夺得不少柴草。一连几天，果然收获不小。见有利可图，绞国士兵出城劫夺柴草的越来越多。楚王见敌人已经吞下钓饵，便决定迅速逮大鱼。第六天，绞国士兵像前几天一样出城劫掠，『樵夫』们见绞军又来劫掠，吓得没命地逃奔，绞国士兵紧紧追赶，不知不觉被引入楚军的埋伏圈内。只见伏兵四起，杀声震天，绞国士兵哪里抵挡得住，慌忙败退，又遇伏兵断了归路，死伤无数。楚王此时趁机攻城，绞侯自知中计，已无力抵抗，只得请降。

【用计锦囊】

在敌人急功近利、易受暗示的情况下，我们为了更有效地迷惑诱骗敌人，防止其猜疑和犹豫，便主动送给敌人一些小恩小惠，使其先尝到一定的甜头而放松警惕，我们就可借此进一步利诱他自己上钩。这样我们虽付出较小的代价，却可获得较大的好处，做出较小的牺牲，却可赢得较大的胜利，这是一种先与后取的策略。

本计有如下三种含义：

一、以小引大。我们先拿出较小的、一般的东西，用来做示范和暗示，有目的地诱使对方拿较大的、有价值的东西来，这种以一事物带动或引诱出另一事物的方法即为以小引大法。以小引大法中，我们的启发、倡导和带头作用非常重要，榜样的力量是无穷的。除了以小引大，也可以少引多。即我们的一个示范，引出众多人的效仿等，以小引大必须是同类相引。

二、以小易大。即用小的代价，换取大的收获，即撒下诱饵钓金鳌之意。自己付出的是一点鱼饵，但钓上来的却是金鳌，也就是所得到的，是更好的，更多的。以小引大与以小易大的主要区别在于：以小引大中小的引出大的来之后，小的并不一定就损失了，大的小的可以共得，就像常建的诗引出赵嘏的诗，但常建的诗依然存在，常建既可得到赵嘏的诗，又可同时收回自己的诗。以小易大则不同了，它是用小的换取大的，大的收取之后，小的就已付出了，一般无法收回。就像钓鱼，鱼钓上来之后，饵肯定已被吞食了，这是『吃小亏占大便宜』。

三、以小抵大。用小的东西来抵敌人大的东西，使小的东西与大的东西同归于尽。我们抛出了砖，引诱敌人抛出玉，然后用我们的砖，砸他的玉。我们损失的是砖，而敌人损失的却是玉。以小抵大与以小引大的不同点在于：前者是用小的引来大的，后者是用小的引走大的。

对抛砖引玉之计可采取如下防范对策：

一、不要愚而不知变，在与敌人作战时，如果将领愚钝而不知机动权变，就会被人诱骗。所以一切要以时间、地点、条件为转移，在兵法中叫作『践墨随敌』。所谓践墨随敌，就是说作战的方向、方针、策略等都要根据敌情的变化而变化。只有随机应变，才能防止误入圈套。

二、不要贪图小利。顺手牵羊之计主张小利必得，小隙必乘，但其只是在敌人无力控制的范围内适用。如果在敌人防守严密，控制有力的区域内，见到微利或微隙，则要研究其是否诱饵，因为敌人在有能力保护自己利益的情况下，绝不会无缘无故地将其送与别人。所以在取利之前要分析利弊得失，如果『贪利而不知害』，则很容易中敌埋伏。

三、不要受人蛊惑。易受暗示和从众心理，是抛砖引玉的心理基础。别人暗示以利，你则去取；别人都去做的事，你也跟着去做，很少有不上当的。所以我们遇事要有自己的主见，认为该做的事，别人止不了；认为不该做的事别人也劝不成。不要受人蛊惑，防止别人用砖引走了我们的玉。

四、要投石问路。凡遇有『疑似之迹』，要仔细审察，在行动之前要投石问路，在确保没有什么大问题时才走过去。当发现敌人抛出的是引玉之砖时，要立即放弃，及时转身回去并护好自己的『玉』。

第十八计　擒贼擒王

【原文】

摧其坚，夺其魁，以解其体。龙战于野，其道穷也①。

【注释】

①龙战于野，其道穷也：《易经·坤卦》：『象曰：龙战于野，其道穷也。』意思是说，龙战于原野里，便是到了穷途末路了。

【译文】

摧毁敌人的主力，抓住他的首领，就可以瓦解他们的整体力量。正如蛟龙战于原野，就面临绝境了。

【按语】

攻胜，则利不胜取。取小遗大，卒之利、将之累、帅之害、功之亏也。全胜而不摧坚擒王，是纵虎归山也。擒王之法，不可图辨旌旗，而当察其阵中之首动。

昔张巡与尹子奇[1]战，直冲敌营，至子奇麾下，营中大乱，斩贼将五十余人，杀士卒五千余人。巡欲射子奇而不识，剡稿为矢[2]。中者喜，谓巡矢尽，走白子奇，乃得其状。使霁云[3]射之，中其左目，几获之，子奇乃收军退还。

【注释】

①张巡：唐将，安史之乱时率部抵抗敌军。肃宗至德二载（公元757）守睢阳（今河南省商丘南），被安庆绪的部将尹子奇围困，坚守数月后壮烈殉国。

②剡稿为矢：剡，削尖；稿，稻草。削尖稻草作为箭。

③霁云：南霁云，唐将，张巡部下，后与张巡一同殉国。

【译文】

如果打了胜仗，那么利益是取之不尽的。如果满足于获得小的利益，而丧失获取大的利益，这是士兵的好事，可以减少伤亡，却会成为将军的累赘、主帅的祸害，使前功尽弃。大获全胜而没有摧毁敌人的主力，捉拿他的首领，就是放虎归山。捉拿敌人首领的方法，不要只想从旗帜上去辨别，而应当观察敌人阵地上的主要指挥者。

从前，张巡与尹子奇作战，率军冲向敌营，到尹子奇的帅旗下，敌营大乱，斩杀了贼将五十余名、士兵五千余人。张巡想射死尹子奇，却不认识他，便削尖稻秆当箭射，敌兵中箭的很高兴，以为张巡的箭用完了，便去报告尹子奇。于是张巡认出了尹子奇，命令南霁云射他，正中尹子奇的左眼，差点把他俘获了，尹子奇便收兵撤退。

【传世典故】

擒贼擒王指抓贼要先抓住贼中的首恶分子，比喻做事先要抓住关键，要先抓住或处治主要人物。军事上指首先歼灭敌人的主力或主要的指挥人员，借此影响并动摇敌人的全军，使敌军遭到彻底失败。

该语出自唐代诗人杜甫的《前出塞》一诗：

挽弓当挽强，用箭当用长。射人先射马，擒贼先擒王。

杀人亦有限，立国自有疆。苟能制侵陵，岂在多杀伤。

民间有『打蛇要打七寸』的说法，也是这个意思。蛇无头不行，打了蛇头，这条蛇也就完了。此计用于军事，是指打垮敌军主力，擒拿敌军首领，使敌军彻底瓦解的谋略。擒贼擒王，就是捕杀敌军首领或者摧毁敌人的首脑机关，敌方陷于混乱，便于彻底击溃之。指挥员不能满足于小的胜利，要通观全局，扩大战果，以得全胜。如果错过时机，放走了敌军主力和敌方首领，就好比放虎归山，后患无穷。

唐朝安史之乱时，安禄山气焰嚣张，连连大捷。安禄山之子安庆绪派勇将尹子奇率十万劲旅进攻睢阳，御史中丞张巡驻守睢阳，见敌军来势汹汹，决定据城固守。敌兵二十余次攻城，均被击退。尹子奇见士兵已经疲惫，只得鸣金收兵。晚上，敌兵刚刚准备休息，忽听城头战鼓隆隆，喊声震天。尹子奇急令部队准备与冲出城来的唐军激战。而张巡『只打雷不下雨』，不时擂鼓，像要杀出城来，可是一直紧闭城门，没有出战。尹子奇的部队被折腾了整夜，没有得到休息，将士们疲乏已极，眼睛都睁不开，倒在地上就呼呼大睡。这时，城中一声炮响，突然之间，张巡率领守兵冲杀出来。敌兵从梦中惊醒，惊慌失措，乱作一团。张巡一鼓作气，接连斩杀五十余名敌将，五千余名士兵，敌军大乱。张巡急令部队擒拿敌军首领尹子奇，部队一直冲到敌军帅旗之下。张巡从未见过尹子奇，根本不认识，现在他又混在乱军之中，更加难以辨认。张巡心生一计，让士兵用秸秆削尖作箭，射向敌军。敌军中不少人中箭，他们以为这下完了，没有命了。但发现自己中的是秸秆箭，心中大喜，以为张巡军中已没有箭了，于是争先恐后向尹子奇报告这个好消息。张巡见状，立刻辨认出了敌军首领尹子奇，急令神箭手部将南霁云向尹子奇放箭。正中尹子奇左眼，这回可是真箭，只见尹子奇鲜血淋漓，抱头鼠窜，仓皇逃命。敌军一片混乱，大败而逃。

【用计锦囊】

在军事上，擒贼擒王，是通过捕杀敌人首领，摧毁敌方的指挥部，以迅速消灭敌人的一种计谋。兵家们认为，贼王是敌人的『主心骨』，仅仅击溃了敌军也算不了什么胜利，让『贼王』跑掉，无异于放虎归山。而擒住了贼王，就会使敌人陷于群龙无首、树倒猢狲散的境地。

本计主要有三个含义：

一、击中要害。也就是『扼胫拊背』，俗话说：『打蛇要打七寸。』为什么要打七寸呢？因为此处是蛇的心脏所在的地方，打坏了蛇的心脏，蛇自然就会死去。否则，即使把蛇斩为两段，它仍然有反扑的能力。事物也存在这样的关键和要害部位，这就是事物的主要矛盾和矛盾的主要方面。解决了主要矛盾，其他矛盾就容易解决，甚至不解自开。抓住了关键和要害，就会取得事半功倍的效果。

二、守其魁首。俗话说：『人无头不走，鸟无头不飞。』讲的是首领在一个组织中的引导、组织和凝聚的重要作用。如果一个组织失去了起这种作用的首领，则会『树倒猢狲散』，有时抓住其首领，可以震慑其余。所以在攻击一个组织时，要首先抓其魁首，进而捣乱其组织，破坏其系统。

三、提纲挈领。善于张网的人，总是抓住网的总纲绳，而不去一一地拿取成千上万个网目，提着裘皮衣服的领子，上下一顿，就可以将所有的毛都自然理顺，而用不着一根一根地去梳理，这就是提纲挈领的妙处。任何事物也都有这样的『纲』和『领』。只要我们像张网振衣一样，抓住要领，就可以以简御繁，以少制多。如果胡子眉毛一起抓，将会费力而不讨好。

对擒贼擒王之计，应采取如下防范对策：

一、重点防护。对敌人的进攻要小心防范，但不可能处处防范，所谓『无所不备则无所不寡』。因此要把防范的重点放在『王』的身上。正如拳击运动员要戴上头盔，足球运动员要穿上护膝一样，头和膝都是易受攻击，又是运动员不可受伤的部位。

二、要有后备。在工程技术中有一种『多余技术』。它是为了保证机器正常运转，而事先安装的，暂时不用的备用部件，一旦某些关键易损件突然失效，备用部件会自动顶替。我们在竞争中也要有这样的准备，一个『王』不幸被擒，另一个新『王』立即产生。某一主力损失，第二、第三梯队立即跟上。我们的组织始终完整，敌人便无可乘之机。

三、意志要坚。敌人的糖衣炮弹往往只能在意志薄弱者的身上起作用，如果我们有坚强的意志，做到『富贵不能淫』『酒色不能乱』，就可以有效地战胜敌人，粉碎敌人的擒获阴谋。

四、丢车保帅。在必然会有损失的时候，宁可丢掉车，也要保住帅，这就是李代桃僵的谋略。因为只要保住了帅，就有东山再起的可能，而丢了帅，留下的车就毫无用处。

第四章　混战计精注全译

第十九计　釜底抽薪①

【原文】

不敌其力，而消其势。兑，下乾上之象②。

【注释】

①釜底抽薪：釜，一种炊具，锅。把锅底下烧着的柴草拿走。比喻从根本上解决问题。

②兑下乾上之象：履卦。《易经·履卦》：『履虎尾，不咥人，亨。』彖曰：『履，柔履刚也。』其意思是：柔顺者小心地随在刚强者之后，则不会受到伤害，一切顺利。

【译文】

力量上战胜不了敌人，就要设法去消解敌人的气势。根据履卦卦象：不能以硬碰硬，而应该以柔克刚。

【按语】

水沸者，力也，火之力也，阳中之阳也，锐不可当；薪者，火之魄也，即力之势也，阳中之阴也，近而无害。故力不可当而势犹可消。尉缭子①曰：『气实则斗，气夺则走。』而夺气之法，则在攻心。

昔吴汉[②]为大司马，有寇夜攻汉营，军中惊扰，汉坚卧不动。军中闻汉不动，有顷乃定。乃选精兵反击，大破之。此即不直当其力而扑消其势也。

宋薛长儒[③]为汉、湖、滑三州通判[④]，驻汉州。州兵数百叛，开营门，谋杀知州、兵马监押[⑤]，烧营以为乱。有来告者，知州、监押皆不敢出。长儒挺身徒步，自坏垣入其营中，以福祸语乱卒曰：『汝辈皆有父母妻子，何故作此？叛者立于左，胁从者立于右！』于是，不与谋者数百人皆趋立于右，独主谋者十三人突门而出，散于诸村野，寻捕获。时谓非长儒，则一城涂炭[⑥]矣！此即攻心夺气之用也。

或曰：敌与敌对，捣强敌之虚，以败其将成之功也。

【注释】

①尉缭子：战国末期的军事家，魏国大梁（今河南省开封）人。有《尉缭子》一书传世。引文见《尉缭子·战威第四》。

②吴汉：东汉名将。南阳宛（今河南省南阳）人，字子颜。王莽末，投奔刘秀，为偏将军。刘秀即位后，任大司马，封舞阳侯。为云台三十二将之一。

③薛长儒：宋代名臣，宋代绛州（今山西省新绛），正平人。字元卿，曾任汉、湖、滑三州通判，后知彭州。

④通判：官名。宋初始设于各州府，有共同处理地方政务之意。地位略次于地方官，但有监察官吏之特权，故又称『监州』。知州，州的最高长官。

⑤兵马监押：宋代掌管全州军事的武官。

⑥涂炭：涂，泥沼；炭，炭火。指人民陷于泥沼，坠入炭火，痛苦万分，即水深火热之意。

【译文】

水之所以沸腾是靠了火的力量。烈火为热中最热的东西，刚劲猛烈，不可阻挡。柴草，却是火的精魄，也就是火势的动力。柴草燃烧能发热，本身却是凉性的，靠近它不会被烧伤。所以，猛烈的力量虽然阻挡不了，它的气势却是可以削弱的。尉缭子说：『士气旺盛，就投入战斗；士气消沉，就避开敌人。』而削弱敌军士气的方法，就在于从心理上瓦解敌人的斗志。

东汉初年，吴汉做大司马时，敌人在黑夜里袭击军营。当时军营里开始惊慌混乱，而吴汉却稳稳地躺在床上不动。将士们听说吴汉一点不慌，从容休息，很快也就镇静下来。这时吴汉才选出精兵反击，大败敌人。这就是不直接去对抗敌人的力量，而是去扑灭削弱敌人气焰的办法。

宋朝时薛长儒担任汉州、湖州、滑州三州的通判，驻扎在汉州。数百名州兵发生叛乱。他们打开营门，准备杀死知州和兵马监押，并烧毁营寨作乱。有人前来报告，知州和监押都不敢出来。长儒却挺身而出，徒步从断墙处走入军营。他以福祸利害各种关系劝导叛乱的士兵说：『你们都有父母妻子，为什么做出这样的事情？指使叛乱者往左边站，胁从者往右边站！』于是没有参与策划叛乱的几百人赶忙走向右边，只有策划叛乱的十三人从营门仓皇逃走，分散到各乡村躲藏，不久都被捉拿归案。当时人们都说，如果不是薛长儒，那么全城都要遭祸了。这就是从心理上瓦解敌人士气的计谋。

有人说：当敌人之间相互攻打时，我军乘机袭击两敌中更强一方敌人的后方，以破坏它即将取得的胜利。这也是釜底抽薪之计。

釜底抽薪指用在锅底下抽去柴火的办法，来止住锅内的沸水。比喻从根本上解决问题。也指暗中进行破坏。在军事上一般指不靠同敌人直接交战，而是切断敌人供给来源，破坏敌人所依靠的有利条件，或瓦解敌人士气的办法来战胜敌人。

【传世典故】

釜底抽薪，语出北齐魏收《为侯景叛移梁朝文》：『抽薪止沸，剪草除根。』古人还说：『故扬汤止沸，沸乃不止，诚知其本，则去火而已矣。』这个比喻很浅显，道理却说得十分清楚。水烧开了，再兑开水进去是不能让水温降下来的，根本的办法是把火退掉，水温自然就降下来了。此计用于军事，是指对强敌不可用正面作战取胜，而应该避其锋芒，削减敌人的气势，再乘机取胜的谋略。釜底抽薪的关键是关于抓住主要矛盾，很多时候，一些影响战争全局的关键点，恰恰是敌人的弱点。指挥员要准确判断，抓住时机，攻敌之弱点。比如粮草辎重，如能乘机夺得，敌军就会不战自乱。三国时的官渡之战即是一个有名战例。

东汉末年，军阀混战，河北袁绍乘势崛起。公元199年，袁绍率领十万大军攻打许昌。当时，曹操据守官渡（今河南中矣北），兵力只有三万多人。两军隔河对峙。袁绍仗着人马众多，派兵攻打白马。曹操表面上放弃白马，命令主力开向延津渡口，摆开渡河架势。袁绍怕后方受敌，迅速率主力西进，阻挡曹军渡河。谁知曹操虚晃一枪之后，突派精锐回袭白马，斩杀颜良，初战告捷。

由于两军相持了很长时间，双方粮草供给成了关键。袁绍从河北调集了一万多车粮草，屯集在大本营以北四十里的乌巢。曹操探听乌巢并无重兵防守，决定偷袭乌巢，断其供应。他亲自率五千精兵打着袁绍的旗号，衔枚急走，夜袭乌巢。乌巢袁军还没有弄清真相，曹军已经包围了粮仓。一把大火点燃，顿时浓烟四起。曹军乘势消灭了守粮袁军，袁军的一万车粮草，顿时化为灰烬。袁绍大军闻讯，惊恐万状，供应断绝，军心浮动，袁绍一时没了主意。曹操此时发动全线进攻，袁绍带领八百亲兵，艰难地杀出重围，回到河北，从此一蹶不振。

【用计锦囊】

在军事上，釜底抽薪这一计的主要内容是：面对强敌，我不一定与其正面交锋，而是想办法消灭其赖以生存的条件，使其从根本上瓦解。在使用这一计时，关键要把握好两点：首先，要善于发现敌人的『釜底之薪』。这是实行『釜底抽薪』的前提。这里要注意的是：战争情况不同，『抽薪』的目标也是不同的。一般说，影响敌人后劲的力量，就是『抽薪』的目标。其次，要善于运用『釜底抽薪』的手段和方法，要针对敌人『釜底之薪』的具体情况，去选择和运用『抽薪』的手段和方法。

运用釜底抽薪之计，应重点把握以下几点：

一、先治其本。事物都有『标』和『本』两方面，所谓的『标』就是事物的枝节或表面，『本』就是事物的根本、根源。一般的问题都是从『标』上反映出来，但是最终的原因都在其『本』上。所以要解决问题不能治标不治本，而应先治本而后治标。也就是找出事物的最基本的原因，首先加以解决。只有先断其源，才能截其流。这样做初看起来好像离开了要解决的问题，但实际上是从根本上解决问题。

二、去其所恃。世界上的事物都是互相联系，互相影响，互相依存的。一事物必须借助于另一事物才能生存和发展，那么后者便是前者的必要条件。事物失去了存在的必要条件，它就会自行削弱或消亡。所以我们破坏敌人赖以存在的必要条件，也能达到削弱或战胜敌人的目的。

三、攻心夺气。古人说：『夫战，勇气也。』这是讲『士气』的重要性。又说：『故善战者，求之于势，不责于人。』这是讲『态势』的重要性。士气和态势不是实力本身，但它对实力有放大和缩小的作用。在我们暂时不能抵挡敌人的实力时，可以转而攻心夺气，使其气虚、心乱、势消，借此减弱敌人的实力。这是一种心理上的瓦解战术。

四、以柔克刚。用柔和的方法来制伏刚强的敌人，也就是用软的来制服硬的。如果敌人比较强硬，我们没有与之抗衡的能力，或者虽有这样的能力，但若以硬碰硬，如同两虎相斗，会两败俱伤，我们也不会得到好的结果。假如我们反以软制硬，使敌人之『硬』无用武之地，我们既可以战胜敌人，又可以不受损害，可谓一举两得。

对釜底抽薪之计，应采取以下防范对策：

一、薪要多积。柴草要积得多一些，才能保证釜底之火连续不断地烧下去。一旦釜底之薪被抽走，也可有再加之柴。不然，所备的积薪少，即使不被抽走，也会因柴草接济不上而自消自灭。在实践过程中，就是要多准备几套方案，才能有备无患。

二、柴要再加。柴被抽出后，不能自暴自弃，消极等待。所谓亡羊补牢，未为晚矣。即使汤已止沸，拾起柴草，重新烧开，也仍可以扭转被动局面。甚至在锅灶被毁时，也可在别处另起锅灶，总之不要轻易认输。

三、灶要严守。如果已经认识到了锅下之火对锅上之汤的重要性，对锅灶就应严密防守。不能轻易让敌人靠近，在敌人动手抽薪之前，就将其打跑。或者至少在薪被抽走时，立即发现，并及时采取相应的措施，不使损失过大。

四、锅要盖紧。锅要盖紧有两个用意：一是在釜底之薪抽走之后，盖紧锅盖可以起到保温的作用，不致使釜中之汤很快变凉，这样赢得一定的时间采取补救措施。二是盖紧锅盖，可以保护釜内之汤不被人喝掉，汤变凉了，还有重新烧开的可能，但汤被喝光了，就无可奈何了。

第二十计　浑水摸鱼

【原文】

乘其阴乱，利其弱而无主。随，以向晦入宴息①。

【注释】

①随，以向晦入宴息：《易经·随卦》：『象曰：泽中有雷，随，君子以向晦入宴息。』意思是说：大泽中响雷，泽水随之而振动；君子应当随着天时变换，在天黑时入睡。

【译文】

乘敌人内部发生混乱，利用他们力量虚弱而没有主见，使他们随顺我，就像人随着天时变换而昼作夜息一样。

【按语】

动荡之际，数力冲撞，弱者依违①无主。敌蔽而不察，我随而取之。《六韬》②曰：『三军数惊，士卒不齐，相恐以敌强，相语以不利；耳目相属③，妖言不止，众口相惑，不畏法令，不重其将。此弱征也。』

是鱼，混战之际，择此而取之。如刘备④之得荆州、取西川，皆此计也。

【注释】

①依违：依附，违背。

②《六韬》：古代兵书，相传为周代姜尚所著，为《武经七书》之一。引文见《六韬·兵征第二十九》。

③耳目相属：属，接连，跟着。耳目，探听消息的人不断探听消息。

④刘备：三国时著名的政治家、军事家。汉末起兵，割据荆、益等地，与曹、魏、孙吴集团抗争，呈鼎足之势。后建蜀汉政权，称先主。

【译文】

社会动荡之时，各种力量就会互相冲击，而弱小者的倾向还没有确定。当敌人因蒙蔽还没有察觉时，我方应趁机将他们争取过来。《六韬》写道：『全军多次受惊，士兵的心不齐，用敌强而互相吓唬，互相说着不利的话；大家不断探听消息，谣言纷纷不止，相互欺蒙，不怕法令，不尊重将帅。这是衰弱的症状啊！』这就像一条鱼，在搅浑的水里。当混战之时，便选择它作为目标乘机捞取。比如刘备得荆州、取西川，都是用的这条计策。

【传世典故】

浑水摸鱼指把水搅浑，使鱼晕头转向之时，趁机把鱼捉来。比喻趁混乱时机捞取好处。在军事上指利用敌人之间互相混乱攻战的时机，我乘机将尚犹豫不决的弱小敌人获取过来。

『浑水摸鱼』一语，起初可能是渔民们从捕鱼实践中摸索、总结出来的一句经验性俗语，后来逐渐被移植到社会生活的其他领域，以至被兵家和军事指挥员们用来作为表述某种军事谋略的军事术语。原意是，把水弄混浊了，鱼儿会晕头乱窜，此时乘机摸捉，往往易于得手。比喻乘混乱之机，谋取某种意外的利益。在军事上指有意给敌方制造混乱，或乘敌方混乱之机，消灭敌人，夺取胜利。在战场上，冒充敌人而蒙混过关是此计常用的术法。东汉时，光武帝刘秀是一位很有韬略的政治家。在未登基前，曾在河北一带与王朗大战二十多日，最后攻破邯郸，杀死王朗，取得成功。当时，王朗在邯郸称王，实力雄厚。刘秀不敢正面与王朗开战，就带着少数亲信，到了蓟州。遇蓟州兵变，响应王朗，捉拿刘秀。刘秀无法，出城仓皇南逃。刘秀一行逃到饶阳，已饥疲不堪。这时，刘秀忽然灵机一动，说出了一个虎口求食的办法：冒充王朗的使者哄驿站的饭吃。众人装扮一番，就以王朗的名义，大模大样地走进驿站。驿站官员信以为真，急忙备美味佳肴招待。刘秀等人好几天没吃过一顿饱饭了，便狼吞虎咽地吃起来。他们的狼狈相引起了驿站官吏的疑心。为了辨其真假，驿站的官员故意将大鼓连敲数十下，高喊邯郸王驾到。这一喊声，非同小可，把众人惊得目瞪口呆，人人手心捏着一把汗。刘秀也惊得站起来，但很快镇定下来。他想，如果邯郸王真来了，是逃不掉的，只能见机行事。他给众人一个眼色，让大家沉住气。他自己慢慢坐下，平静地说：『准备晋见邯郸王。』等了好一会儿，也不见邯郸王的踪影，才知道是驿站官员搞的名堂。酒足饭饱之后，刘秀等人安然离开了驿站。刘秀此次的成功便是得力于计谋上的『浑水摸鱼』和心理上的高度镇静。

【用计锦囊】

在动荡不稳的局势中，各种力量都会被搅进混乱的旋涡内。为了乘机扩大自己的势力，在泥沙俱下，鱼龙混杂的情况下，我们则利用那些力量弱小、暂居中间的力量不辨真伪、举棋不定的时机，将其顺手夺取过来。

本计有三种含义：

一、乱中取利。即乘混乱的时机，捞取好处。在竞争当中取利的办法很多，其中乱中取利是较好的办法之一，它不但可以轻易地从中捞到好处，而且陷于混乱的各方都可成为取利的对象，因为大家将注意力都集中在互相争夺之上，必然会有很多利益无暇顾及，各自也都会暴露出很多可乘之机来。动荡混乱的局面不是经常会遇到的，所以要积极利用，机不可失，时不再来。

二、以假乱真。水被搅浑之后，能见度必然极低，鱼在水中看不清方向，也更难辨清真伪，这时我们把假的伪装成真的，并将其混入真的之中，在敌人『蔽而不察』的时候，我们便可借机行事。以假乱真要完全凭借浑水为掩护，不然很容易被识破。

三、滥竽充数。在几百人坐下来一齐吹竽的时候，不会吹竽的人就可以混在乐队里充数。在一个人一个人单独演奏的时候，不会吹竽的人就很难再混下去了。大家一起吹竽的形式，正像『浑水』一样，起着隐瞒掩盖的作用。不懂装懂是不应该的，但是利用形式上的缺陷和管理上的漏洞来渡过难关或取得利益，都是浑水摸鱼计谋的一个内容。

对付浑水摸鱼之计，可采取如下防范对策：

一、挖净河泥水自清。水之所以能被搅浑，主要是因为河底有很多污泥，只要稍一搅动，就会泥沙俱下，弄得河水浑浊不堪。而游泳馆中水池里的水，无论怎样搅都不会浑，就是因为水池的四壁干净，如果我们所处的是像河这样的环境，就应该尽早动手把河泥挖净，这样才能防止河水被人搅浑。

二、混乱之中莫瞎撞。如果水已被搅浑，在一片混乱之中，不要跟着别人乱碰乱撞，因为在慌乱之中很容易被人当作『鱼』摸去。越是混乱的时候，越是要沉着冷静，一时分辨不清时不要随意表态。要先寻找一个比较安全的地方隐蔽起来。这时的忍耐力和自制力很重要，盲动会带来严重的后果。

三、看准方向要快逃。在隐蔽的时候，要认真仔细地观察，一旦看清了方向，发现了较为安全的地方，要果断迅速地逃离险境。要认识到，我们一旦处于被摸之鱼的地位，情况非常不利，在势单力薄的情况下，挣扎和反抗都是无济于事的，这时只有『走』才是上策。

第二十一计　金蝉脱壳①

【原文】

存其形，完其势；友不疑，敌不动。巽而止蛊②。

【注释】

①金蝉脱壳：蝉蜕壳，蝉飞壳犹存。比喻用计脱身。

②巽而止蛊：《易经·蛊卦》：『彖曰：蛊，刚上而柔下，巽而止蛊。』意思是说：阳刚居上，阴柔居下，凡事能柔顺则能制止混乱，避免受害。巽，伏，顺服；蛊，毒害。运用在此计中，阴为潜藏，阳为暴露。即能隐藏自己的行动而不暴露。

【译文】

保存阵地的原形，造成驻军的气势，使友军不怀疑，敌人也不敢轻举妄动。根据蛊卦原理：若能隐蔽自己的行动而不暴露，就能够防止敌人的损害。

【按语】

共友击敌，坐观其势。倘另有一敌，则须去而存势。则金蝉脱壳者，非徒走也，盖为分身之法也，故大军转动，而旌旗金鼓，俨然①原阵，使敌不敢动，友不生疑。待已摧他敌而返，而友敌始知，或犹且不知。然则金蝉脱壳者，在对敌之际，而抽精锐以袭别阵也。

如诸葛亮病卒于军，司马懿追焉。姜维令仪②反旗鸣鼓，若向懿者。懿退，于是仪结营而去。檀道济③被围，乃命军士悉甲，身白服，乘舆④徐出外围。魏惧有伏，不敢逼，乃归。

【注释】

①俨然：整齐，庄重的样子。

②仪：指杨仪，蜀汉名将。多次随诸葛亮北伐，为参军长史。

③檀道济：南宋朝名将。屡立战功。元嘉八年（公元431）攻魏，粮尽被围，使巧妙撤退，敌不敢追。后为文帝所忌，杀。

④乘舆：舆，车子。坐着车子。

【译文】

同友军联合对敌作战，要冷静观察敌友我三方的形势。如果又发现另外的敌人，就必须悄悄离去，而保持驻地的阵势不变。这就是说，金蝉脱壳不是简单的离去，而是一种分身的方法。因此，我方大军虽然转移了，但旗帜鲜明，锣鼓号令仍然整齐庄重地保持着原来的阵势，使敌人不敢妄动，友军也不生疑。等到摧毁了别处的敌人回来，友军和敌军才会发觉，或者还没有发觉。所以说，金蝉脱壳之计就是指在对敌作战时，暗中抽走精锐部队去袭击别处的敌人。

比如，诸葛亮病死在前线时，司马懿率军追击。姜维命令杨仪把战旗反打着，敲起战鼓，好像要进攻的样子。司马懿慌忙撤退，于是杨仪重新整军，安全返回。

刘宋将领檀道济被敌人围困后，命令士兵都披上盔甲，他自己却穿着一身白衣，坐在车子上，慢慢向敌人外围进发。魏军害怕檀道济另有伏兵，不敢逼近他。于是他脱离了包围，安然回国。

【传世典故】

金蝉脱壳指蝉变为成虫时，要脱去幼虫的壳。比喻只留下表面现象，实际已脱身逃走，使对方不能立即发觉。军事上指用计脱身，暗中转移力量，完成奇袭别处敌军的谋略。

『金蝉脱壳』是指表面保持军势不动之状态，以解除对方之警戒心，然后再暗中移动主要军力的策略。

例如当敌方军力强大，我方无力对抗时，若勉强顽抗，损伤将会更严重，因此应以先撤退再行攻击为上策。但如毫无计策地撤退，必会受到敌人的追击而有溃灭之虞。因此应先佯装，使对方以为己方无撤退之意，然后在敌方解除戒心之下，暗中组织撤退行动。此即『金蝉脱壳』的策略。

三国时期，诸葛亮六出祁山，北伐中原，但一直未能成功，终于在第六次北伐时，积劳成疾，在五丈原病死于军中。为了不使蜀军在退回汉中的路上遭受损失，诸葛亮在临终前向姜维密授退兵之计。姜维遵照诸葛亮的吩咐，在诸葛亮死后，秘不发丧，对外严密封锁消息。他带着灵柩，秘密率部撤退。司马懿派部队跟踪追击蜀军。姜维命工匠仿诸葛亮模样，雕了一个木人，羽扇纶巾，稳坐车中。并派杨仪率领部分人马大张旗鼓，向魏军发动进攻。魏军远望蜀军，军容整齐，旗鼓大张，又见诸葛亮稳坐车中，指挥若定，不知蜀军又要什么花招，不敢轻举妄动。司马懿一向知道诸葛亮『诡计多端』，又怀疑此次退兵乃是诱敌之计，于是命令部队后撤，观察蜀军动向。姜维趁司马懿退兵的大好时机，马上指挥主力部队，迅速安全转移，撤回汉中。等司马懿得知诸葛亮已死，再进兵追击，为时已晚。

【用计锦囊】

在彼此力量对比悬殊，我们处于被动不利地位的紧急关头，为了迅速地摆脱敌人，顺利地转移或撤退，防止敌人发现而跟踪阻截，则留下虚假的外形以稳住敌人，自己则暗中安全地脱身而去，离开险境。这是一种走而示之不走的主动退却的策略。

运用此计，关键在于『脱』。面对的敌人不同，『脱』的方法也不相同。『脱』一般指：①摆脱；②逃脱；③甩脱；④挣脱；⑤开脱。

运用此计一定要选好时机。一方面，『脱壳』不能过早。只要存在胜利的可能，就应继续下去。直至万不得已时才可『脱壳』而去。另一方面，『脱壳』也不能过迟。在败局已定的情况下，多停留一分钟，就会增加一分的危险，减少一分生还的希望。

金蝉脱壳是一种积极主动的撤退和转移，这种撤退和转移又是在十分危急的情况下进行的，稍有不慎，就会带来灭顶之灾，应该冷静地观察和分析形势，然后坚决果断地采取行动。

谋成于密，而败于泄。金蝉脱壳的整个过程要在敌人不知不觉中进行，绝不能露半点破绽。

本计的含义主要有两种：

一、脱身。为了摆脱困境，先把『外壳』留给敌人，然后自己脱身而去。留给敌人的『外壳』是一个虚假的外形，对我方的实力影响不大，却能给敌人造成错觉。

二、分身。在遇到两股敌人时，为避免腹背受敌，可以对原来的敌人虚张声势，使其不敢轻易来犯，而暗中抽调主力去攻击后来之敌，待后来之敌被消灭后，再返回来进攻原来的敌人。

对付金蝉脱壳之计，应采取如下防范对策：

一、要关门捉贼。防止就要到手的敌人使用金蝉脱壳之计逃脱的最好方法就是『关门捉贼』，速战速决，即把所有的门都紧紧关住，不要说偷偷溜掉，就是插翅也难以逃脱。这样它只有乖乖就范，而无别的计谋可施。如果网开一面，或者防范不严，都会给苟延残喘的敌人以可乘之机，使其逃之夭夭，日后会卷土重来。

二、要善于相敌。善于相敌，就是在观察敌人情况的时候，不被敌人留给我们的虚假『形』或『势』所迷惑，并能透过这些表面的现象，发现敌人的真实意图和本质。敌人在策划某些新的阴谋时，或多或少都会有某些反常的表现，或特殊的征象。如《孙子兵法·行军篇》中说『鸟集者，虚也』『辞强而进驱者，退也』等等，都是通过现象来进行判断的。只有及时准确地掌握了敌人的动向，才能有效地加以防范。

三、不要轻信承诺。对于朋友来说，往往是一诺千金。但是对于敌人来说，承诺和信物往往是最廉价的脱身替代物，尤其是那些十分狡猾的敌人，我们更不要因那些毫无约束力和控制力的诺言或信物而轻易放过即将到手的敌人，即便是暂时的放松，也要紧紧抓住可以随时牵回来的缰绳。

四、不要为人做掩护。如果我们的心眼太好，见到冻僵的蛇也要揣在怀里把它暖过来的话，就会被蛇所利用，甚至会被蛇所害。如果我们不分青红皂白，糊里糊涂地替人做掩护，帮助其逃离险境，很可能会使亲者痛、仇者快，使坏人逍遥法外，受不到应有的制裁。

第二十二计　关门捉贼

【原文】

小敌困之。剥，不利有攸往①。

【注释】

①剥，不利有攸往：《易经·剥卦》：『剥，不利有攸往。』意思是说：剥落，零散，不利于前进。《六十四卦经解·剥》：『剥，裂也，从刀从录。录，刻割也，又，落也。万物零落之象。』运用在此计中，即零散之军队不利于发动进攻。

【译文】

对付小股的敌人，要包围起来予以歼灭。按照剥卦的原理，对于那些零星散敌，不利于进行追击。

【按语】

捉贼而必关门，非恐其诱也，恐其逸①而为他人所得也，且逸者不可复追，恐其诱也，贼者，奇兵也，游兵也，所以劳②我者也。《吴子》③曰：『今使一死贼伏于旷野，千人追之，莫不枭视狼顾④。何者？恐其暴起而害己也。是以一人投命，足惧千夫。』追贼者，贼有脱逃之机，势必死斗；若断其去路，则成擒矣。故小敌必困之，不能，则放之可也。

【注释】

①逸：逃跑。

②劳：疲劳，使之疲劳。

③《吴子》：古代兵书，传为战国吴起所著。本文出自《吴子·厉士第六》。

④枭视狼顾：枭，猫头鹰。像猫头鹰寻找食物那样专注地看，像狼行走时那样害怕地四面看看。比喻小心翼翼，东张西望，瞻前顾后的样子。

【译文】

要捉贼必须关门，并不是怕他逃走，而是怕他逃走了却让别人捉去。而且，对于逃走的敌人不可以再追，恐怕中了他的诱敌之计。所谓贼，是指突击队、游击队。他们是骚扰并使我军疲劳的敌人。《吴子》上写道：『假定现在有一个亡命之徒隐藏在空旷的原野里，派一千个人去追捕他，没有一个不像猫头鹰和狼那样小心翼翼四下张望的。为什么呢？是害怕对方突然跳出来伤害自己。所以说一个人拼命，足以使一千个人害怕。』

追赶盗贼，贼如果有逃掉的机会，必然要拼死格斗；如果截断他的退路，就必定会被抓住。所以，对付小股的敌人，必须包围起来，如果办不到，就放走他算了。

【传世典故】

关门捉贼指狡猾的盗贼进屋偷东西，要关上门使其无路可逃，才能人赃俱获。在军事上指对那些行动诡诈，出没无常的小股敌人，采取包围歼灭的计谋。

此计中的『贼』一般指为数不多而机动灵便的小股敌人。若一味猛追，他就会杳无踪影，或者狗急跳墙。如果诱『贼』深入，把他关在『门』里，使他成为网中之鱼，瓮中之鳖，我方就能旗开得胜。

古代兵法十分重视关门捉贼之计。《孙子兵法·谋攻》说：『故用兵之法，十则围之，五则攻之，倍则分之。』大意是：所以用兵的法则，有十倍于敌的兵力就包围敌人；有五倍于敌的兵力就进攻敌人；有一倍于敌的兵力就分散敌人。《尉缭子·制谈》：『一夫仗剑于市，万人无不避之者。臣谓非一人之独勇，万人皆不有也，何则？必死与必生固不侔也。』大意是：一个亡命之徒持剑冲入集市，万人无不躲避他。我认为并不是唯独他勇敢，大家都不如他。为什么呢？因为不想活命和希望活着，本来就是不相同的。孙子所说的『十则围之』与『小敌困之』的意思基本一样。尉缭子所说的众人不敢惹亡命之徒，说明追寇勿迫、围歼则胜的道理。

战国后期，周赧王五十三年（公元前262），秦国攻打赵国。秦军在长平（今山西高平北）受阻。长平守将是赵国名将廉颇，他见秦军势力强大，不能硬拼，便命令部队坚壁固守，不与秦军交战。两军相持两年多，秦军仍拿不下长平。公元前260年，秦王采纳了范睢的建议，用离间法让赵王怀疑廉颇。赵王中计，调回廉颇，派只会纸上谈兵的赵括为将，到长平与秦军作战。赵括到长平后，完全改变了廉颇坚守不战的策略，主张与秦军决战。秦将白起起初有意让赵括尝到一点甜头，使他的军队取得几次小胜。于是，赵括果然得意忘形，派人到秦营下战书。这下正中白起的下怀。开战前，他分兵几路，抄赵括的后路，隐秘地形成对赵军的包围。第二天，赵括亲率四十万大军，来与秦兵决战。赵括因秦军几次交战都打输了，志得意满，哪里知道敌人用的是诱敌之计？他率领大军追赶假败的秦军，一直追到秦壁。秦军坚守不出，赵括一连数日也攻克不了，只得退兵。这时突然得到消息：自己的后营已被秦军攻占，粮道也被秦军截断。秦军派精骑五千突入赵营，将赵军分割为两块，分别全部包围起来。一连四十六天，赵军粮绝，士兵杀人相食，赵括只得拼命突围，白起已严密部署，多次击退企图突围的赵军。最后，赵括中箭身亡，赵军大乱，可叹四十万大军都被秦军杀戮。这个赵括只会「纸上谈兵」，在真正的战场上，一下子就中了敌军「关门捉贼」之计，损失四十万大军，使赵国从此一蹶不振。

【用计锦囊】

关门捉贼是实现歼灭战的重要手段，其目的是全部或大部杀伤敌人，彻底剥夺敌人的战斗力。在实施过程中，事先布下一个口袋阵，等敌人进入口袋后，堵其退路，扎紧口袋嘴，是常用的一种方法。紧紧包围住敌人的驻地，不准其逃跑，聚而歼之，也是一种方法。但不管哪一种，都要注意两个方面的问题：一、「关门」的地点既有利于全歼敌人，又有利于我集中优势兵力。二、「关门」之后，部署兵力准备打援。

此计先「关」后「捉」。「关」法百种，「捉」法千样。「关」有早关和晚关、急关和缓关、明关和暗关。「捉」分惊捉、疲捉、诱捉、困捉、斗捉。确定哪种「关」法和「捉」法，要根据敌人的情况和具体环境而定。

施行此计要注意以下三点：

一、关弱不关强。关门所捉之「贼」一般是弱敌。如果强贼围在「屋」里，一定会把家里闹得天翻地覆、墙倒门破不可。

二、关牢大门。「贼」在被关在「屋」里之后一定会拼死抵抗，而大门肯定是他重点突破的目标。如果关门不牢，『贼』会撞开逃走，岂不前功尽弃？

三、抓准时机。无论是『关门』还是『捉贼』都有个时机问题。正如《兵法圆机》中说：『盖早发敌逸，犹迟发失时。』要把『关门』和『捉贼』的时机把握准，这是取胜的关键因素之一。

对付关门捉贼之计，可采用如下防范对策：

一、先探虚实。在同敌人作战之前，要详细准确地探明敌人的虚实，然后才能进入战地，这样才不致因情况不明而误入敌人的包围圈。《孙子兵法》中说：『故知战之地，知战之日，则可千里而会战。不知战之地，不知战之日，则左不能救右，右不能救左，前不能救后，后不能救前，而况远者数十里，近者数里乎？』这里特别强调了知战之地，知战之日的重要性，探清虚实可用『打草惊蛇』之法，也可使用间谍侦察法。

二、留有退路。『狡兔』尚且有『三窟』，以便于逃避灾祸，何况我们对敌作战之时呢？那就更要多准备几条退路。一旦情况紧急，便可以找到退逃之路，有备才能无患，无备则处处被动。破釜沉舟，背水一战，用来激励士气，鼓舞斗志则可，轻敌大意，侥幸取胜则要不得。在拟订作战方案时，一定要准备上、中、下三策，往最坏处打算，往最好处努力。

三、及早回头。如果万一误入敌人的埋伏之内，就一定要及早退出，千万不能陷入过深，而不能自拔。及早回头的决心来自对敌情的准确判断，而对敌情的准确判断又来自对敌人的敏锐观察，只有对敌人的一举一动，都了解清楚，才能尽早发现敌人的意图。只要在敌人『关门』之前退得出来，一般来说都不算太晚。

四、金蝉脱壳。一旦被敌人关在门内，虽然情况十分危急，但是绝对不能惊慌失措。这时要冷静下来，对敌人设下的包围圈进行观察，发现有可乘之机，就要果断地采取金蝉脱壳之计，留下一虚假的外形或不重要的部分，借以迷惑敌人，我们则可以暗地里溜之大吉。切记在处于被动不利的形势下，绝不能固执恋战。

第二十三计　远交近攻①

【原文】

形禁势格②，利以近取，害以远隔。上火下泽③。

【注释】

①远交近攻：结交远国而攻击邻国。《史记·范雎传》：『王不如远交而近攻，得寸则王之寸也，得尺亦王之尺也。』

②形禁势格：一作『形格势禁』。格，阻碍；禁，禁止。即形势的发展受到阻碍。

③上火下泽：《易经·睽卦》：『象曰：上火下泽，睽，君子以同而异。』其意思是：火向上烧，水往下流，它们的性质正好相反。君子应当求同存异，在不同的事物中寻求其可以共存的条件。

【译文】

当形势的发展受到地理条件的限制时，先攻取就近的敌人对我们有利，先攻取远隔的敌人对我们有害。根据睽卦原理，应当对不同的军事集团采取联合，以达到我们的目的。

【按语】

混乱之局，纵横捭阖①之中，各自取利。远不可攻，而可以利相结；近者交之，反使变生肘腋。范雎②

之谋，为地理之定则，其理甚明。

【注释】

①纵横捭阖：纵横，合纵连横。战国时，苏秦主张联合六国抗拒强秦，叫作合纵；张仪主张分化六国，说服他们服从强秦，叫作连横。捭阖，见《鬼谷子·捭阖》：『捭之者，开也，言也，阳也；阖之者，闭也，默也，阴也。』或开口说话，或沉默不语。或该说什么，不该说什么。或采取公开的手段，或采取阴谋手段。纵横捭阖的意思是，根据不同的情况相机行事，采取各种手段来达到自己的目的。

②范雎：一名范叔，战国时魏人。曾化名张禄入秦国游说秦昭王，主张远交近攻。

【译文】

在局势混乱、变化复杂、诡计多端的状况下，任何一方都会为自己谋取利益。对远隔的敌人不要去攻击，而可以用利益和他结交；如果和邻近的敌国结交，将对自己不利，反而会使变乱发生在自身要害处。战国时范雎的远交近攻谋略，就是把地理的远近作为不同政策的施行原则，其中的道理是十分明显的。

【传世典故】

远交近攻即结交远方的国家，进攻邻近的国家。军事上指为分化瓦解敌人方面的联盟，而采取暂时结交远处相隔难于获利的敌人，直接进攻近处相邻易于攻取的敌人，这是一种各个击破的谋略。

远交近攻，语出《战国策·秦策》：『范雎曰：王不如远交而近攻，得寸，则王之寸；得尺，亦王之尺也。』这是范雎说服秦王的一句名言。远交近攻，是分化瓦解敌方联盟，各个击破，结交远离自己的国家而先攻打邻国的战略性谋略。当实现军事目标的企图受到地理条件的限制难以达到时，应先攻取就近的敌人，而不能越过近敌去打远离自己的敌人。为了防止敌方结盟，要千方百计去分化敌人，各个击破。消灭了近敌之后，『远交』的国家又成为攻击对象了。『远交』的目的，实际上是为了避免树敌过多而采用的外交诱骗手段。

魏国人范雎到秦国游说，见到了秦昭王。秦昭王向范雎询问富国强兵之策，范雎侃侃而谈：『目前七国之中，最强大的就是秦国。秦国沃野千里，甲兵百万，雄踞四塞之固，进则能攻，退则能守，一统天下应该不费力气。但是，最近大王听信丞相魏冉的话，轻易发兵攻打齐国，我认为这是断送秦国的前程。』

秦昭王疑惑地问：『攻打齐国有什么错呢？』

范雎说：『越过韩、魏两国攻打齐国，这是十分错误的。即使取胜，大王又怎能把得到的土地同秦国连接起来呢？当初，齐王越过韩、魏两国去攻打楚国，曾占领千里之地。结果齐国连一寸土地也未得到，却被韩、魏两国瓜分了。其原因是齐国离楚国远，韩、魏两国离楚国近。依我看，大王应当采取远交近攻的策略。』

秦昭王听得入了迷，接着问道：『什么叫远交近攻呢？』

范雎说：『远交近攻就是与离得远的国家订立盟约，减少敌对国家，而对离得近的国家抓紧进攻。诚能如此，得一寸土地就是一寸，得一尺土地就是一尺。打下韩、魏以后再打燕、赵，之后再打齐、楚。大王只要实行这条计策，用不了多少年，保证能兼并六国，统一天下。』

范雎的一席话使秦昭王大为开怀，秦昭王高兴地说：『寡人以后就听先生的了！』秦昭王立即拜范雎为客卿，并按照范雎远交近攻的策略，把攻打齐国的人马撤回来，改为攻打近邻魏国。此后，秦国夺取了邻国的大片土地，为后来秦始皇统一中国奠定了坚实的基础。

【用计锦囊】

『远交近攻』的计策属于制造和利用矛盾，分化瓦解敌方联盟，实行各个击破的谋略，它的诀窍是：在受到地理形势限制的情况下，攻取邻近敌人就有利，攻取远处的对手就有害。火焰上蹿，池水下淌，同是应敌，对策不一。

实行『远交近攻』的策略有助于集中力量应付眼前的敌人，并且将其置于孤立无援的境地。

在此计中，远交并非要长久和好。远敌亦是敌人，早晚都是心腹之患。所以说，远交只是避免为了树敌过多而采取的一种暂时性的外交权术。近敌一旦被征服，远交的使命便告完成。

为什么要远交近攻呢？我们把远攻、远交、近攻、近交四种情况列举出来，这个问题的答案自然明了。

远攻的后果是：①远道袭人，风险颇大。《孙子兵法》说：『百里而争利，则擒三将军。』②舍近求远，劳民伤财。《孙子兵法》说：『久暴师则国用不定。』③即使取得了胜利，夺得了土地，因远离本土而无法保卫，反而成了沉重的包袱。

远交的好处：①分化瓦解敌人的联盟，孤立近处的敌人，使其得不到援助而束手就擒。②结交远者本身就是一种麻痹手段，使之放松警惕，以便日后突袭取胜。

近交的后果：①卧榻之侧，岂容他人鼾睡。近处之敌即使暂时安抚下来，随时也有翻脸的可能。②近敌就在我们的外围，就像蚕茧蛇蜕一样，紧紧束缚着我们向外发展。要想继续发展，非得冲破这个阻碍不可。

近攻的好处：①进攻近敌可以拓展我们的地盘或势力范围。因新攻取的疆土与我们原有的国土连在一起，所以便于守护和利用。②近距离作战便于集中力量，容易取得胜利。③进攻近敌相对来说消耗的人力和物力要少，对国家财政不会产生严重影响。

另外，弄清『远』和『近』这两个概念对于实施此计是十分重要的。大致说来，『远』和『近』有以下含义：

一、从地理位置来说，『远』指远处，『近』指近处。

二、从利益关系来说，『远』指只能间接获得的较长远的利益，『近』指近期内可直接获得的眼前利益。

三、从组织关系来说，『远』指一个组织的外部，『近』指一个组织的内部。

四、从影响范围来说，『远』指那些不能直接控制的人或事，『近』指那些可以直接控制的人和事。

远交近攻之计有以下三层含义：

一、分化瓦解。本计是在面对由众多敌人组成的敌人阵营时使用的策略。根据三角形的任意两边之和大于第三边的原理可知，众多敌人联合起来的力量是难以对抗的，在这种形势下，为了达到制人而不制于人的目的，就要首先进行分化瓦解，破坏敌人之间的联盟，使他们同床异梦或彻底分开，在敌人之间不能协同作战并且不能互相救助的情况下，我们就可以采取各个击破的办法，将敌人一个一个地吃掉。

二、区别对待。由于敌人所处的地理位置、客观条件不同，他们的价值观念不同，他们对危险的感受不同，因而对我们的用途也就不同。所以我们不能给他们吃大锅饭，而要看人下菜碟，对不同背景的敌人要区别对待，采取不同的对策。例如，有的要拉拢收买，有的要置之不理，有的要软硬兼施，有的要猛烈攻伐，等等。对敌人的分化瓦解，使我们对敌人的区别对待成为可能，而对敌人的区别对待，又势必会反过来促进敌人的分化瓦解。从这个角度讲，区别对待也可以作为分化瓦解敌人的一种手段。

三、从易者始。『凡攻占之法，从易者始』，这是用兵打仗的基本原则。应该是从最容易取胜的地方开始。因为『从易者始』，可以尽快打开局面，产生势如破竹的效果。『从易者始』就容易取胜，获取胜利之后，对士气就会是一种激励，反过来又会争取更大的胜利，这样会产生一种良性的循环。如果从难者始，久攻不下，下而不见其利，士气就会大减。对付众多的敌人，更应从容易的开始，然后有次序、有重点地予以歼灭。从地理位置上看，最容易攻取的当然是距离最近而又弱小的敌人了。同时进攻这样的敌人，还有一个好处，就是『得寸，则王之寸也；得尺，亦王之尺也』。

对付远交近攻之计，应采取如下防范对策：

一、互为利用。如果我们发现已被敌人作为『远敌』而结交时，在不直接伤害盟友的情况下，可根据具体情况积极接受他们的结交。这样做至少有两种好处：第一，这样可以为我们赢得时间，在这段时间内，我们可以做好充分的准备，一旦敌人对我们采取攻击时，我们不致措手不及，这是一种以退为进的策略。第二，既然我们可以成为敌人的『远者』，反过来敌人也同样可以作为我们的『远者』而『交』之。我们利用其主动送上门来的机会，稳住他们，然后就可以实施我们的『远交近攻』之策，这就是借而用之的互为利用的策略。

二、广为结交。当我们已经成为『近者』，难逃被攻击的厄运时，我们当然不能消极等待，要首先针对敌人分化瓦解的策略，广为结交，争取同情和援助，进而将敌人破坏的对敌同盟重新建立起来，只有这样才能防止被孤立，被击破。争取援助时要晓之以利害，公开、彻底地揭露敌人『远交近攻』的分化阴谋，并且明确指出：下一个倒霉的就是你。大家联合起来，不仅是为了我，也是为了我们大家，只有激起大家的义愤，才能制胜。

三、善于防御。所谓的善于防御，就是针对敌我双方的不同情况，争取不同的防御策略。如果我们的力量足够强大，同时又有广泛的同情和援助，并且有了十分充分的战斗准备，那么不妨来个『御敌于国门之外』；如果我们的力量较弱或敌人的锋芒逼人，那么我们可以来个『诱敌深入』；如果敌人方面有机可乘，也不妨来个『围魏救赵』，总之要相机而动。

第二十四计 假道伐虢①

【原文】

两大之间，敌胁以从，我假以势。困，有言不信②。

【注释】

①假道伐虢：春秋时，晋国想要吞并虞和虢两个小国。这两个国家虽小，却结为联盟，晋国便贿赂虞国国君，拆散了联盟，借道虞国而灭了虢国，返回途中，顺便灭了虞国。后成为典故，指以借路为名而消灭对方。又比喻一箭双雕。

②困，有言不信：《易经·困卦》：『困，有言不信。』意思是，人处于困境时，所说的话不会被人相信，也不会轻易相信别人说的话。

【译文】

处在敌我两个大国之间的小国，当敌方胁迫它屈服时，我方要给予援助，借机扩张我们的势力。按照困卦的原理，对于弱小的国家，不能凭空话拉拢他们，而要给予一定的实惠，才能取得他们的信任。

【按语】

假地用兵之举，非巧言可诳。必其势不受一方之胁从，则将受双方之夹击。如此境况之际，敌必迫之以威，我则诳之以不害，利其幸存之心，速得全势。彼将不能自阵①，故不战而灭之矣。

如晋侯假道于虞以伐虢。晋来虢，虢公丑奔京师。师还，袭虞灭之。

【注释】

①自阵：自保，意即失去防范，不能抵挡。

【译文】

假借别国的领地去打仗，不是靠花言巧语就能欺骗成功的。必须当他们处于这种情况：不是受一方的胁迫，就是将受双方的夹击。这时，敌人必然用武力来逼迫他，我方则用不损害他来诱骗他，利用他侥幸图存的心理，迅速地控制局势。这样他将不能够自己做主，所以不需要进行战斗就能把他消灭。

例如，春秋时，晋侯向虞国借路去攻打虢国，并把它消灭了，虢国公丑逃奔到周朝的首都洛阳。晋军从虢国撤回，经过虞国时，把虞国也消灭了。

【传世典故】

假途伐虢原意是晋国假道于虞以伐虢，灭虢之后，又回师灭虞，即借别国的道路向敌人发动隐蔽而突然的进攻。后用以泛指以借路为名，加以利用，而后灭之的策略。军事上一般反映越过中间地区，先去攻下较远的敌国，待中间地区孤立之后，再回头围而歼之。

《左传》记载了假途伐虢这个历史典故。

春秋时期，晋国想吞并邻近的两个小国：虞和虢。这两个国家之间关系不错。晋如袭虞，虢会出兵救援；晋若攻虢，虞也会出兵相助。大臣荀息向晋献公献上一计。他说，要想攻占这两个国家，必须要离间他们，使他们互不支持。虞国的国君贪得无厌，我们正可以投其所好。他建议晋献公拿出心爱的两件宝物：屈产良马和垂棘之璧，送给虞公。献公哪里舍得？荀息说：大王放心，只不过让他暂时保管罢了，等灭了虞国，一切不都又回到你的手中了吗？献公依计而行。虞公得到良马美璧，高兴得嘴都合不拢。

晋故意在晋、虢边境制造事端，找到了伐虢的借口。晋国要求虞国借道让晋国伐虢，虞公得了晋国的好处，只得答应。虞大臣宫子奇再三劝说虞公，这件事办不得。虞虢两国，唇齿相依，虢国一亡，唇亡齿寒，晋国是不会放过虞国的。虞公却说，交一个弱朋友去得罪一个强有力的朋友，那才是傻瓜哩！

晋大军通过虞国道路，攻打虢国，很快就取得了胜利。班师回国时，把劫夺的财产分了许多给虞公。虞公更是大喜过望。晋军大将里克，这时装病，称不能带兵回国，暂时把部队驻扎在虞国京城附近。虞公毫不怀疑。几天之后，晋献公亲率大军前去，虞公出城相迎。献公约虞公前去打猎。不一会儿，只见京城中起火。虞公赶到城外时，京城已被晋军里应外合强占了。就这样，晋国又轻而易举地灭了虞国。

【用计锦囊】

假道伐虢语出《左传·僖公二年》：『晋荀息请以屈产之乘，与垂棘之璧，假道于虞以灭虢。』

处在敌我两大国中的小国，当受到敌方武力胁迫时，某方常以出兵援助的姿态，把力量渗透进去。当然，对处在夹缝中的小国，只用甜言蜜语是不会取得它的信任的，一方往往以『保护』为名，迅速进军，控制其局势，使其丧失自主权。再乘机突然袭击，就可轻而易举地取得胜利。

本计有三种含义：

一、借水行舟。就是借用别人所提供的条件或帮助来达到自己的目的。无论做任何事情，必要条件是不能缺少的，例如，要想行车，就必须有路，要想行船，就必须有水，否则将寸步难行。但现在我们没有路却要行车，没有水却要行船，怎么办呢？要想做到这一点，不按客观条件和规律而蛮干是不行的，其最简捷有效而又现实的办法就是『借』，向有这种条件的人去『借用』，即借你的路，行我的车；借你的水，行我的船。总之就是借用你之所有，来实现我的目的。这种方法在自己没有相应条件的时候，必须使用外，就是在自己具有相应条件时，为了减少不必要的代价，也常常要使用。

二、借机渗透。乘对方有机可乘之时，借用某种名义，巧妙地把自己的势力渗透进去，一般情况下，要把自己的势力渗透到对方内部，并不是很容易的，运用武力要遭到反抗，只有花言巧语，空头许诺，没有实际行动，很难得到信任。最好的时机是在其外来势力相逼时，我们以不侵犯其利益为诱饵，利用其侥幸图存的心理，以出兵援助为名，迅速把力量扩展进去。这样可以不经战斗，就能全面地控制对方。

三、一箭双雕。射出一支箭，同时击中两个目标。例如，假借虞国的『道路』，轻而易举地攻取了虢国，这样即使虞国放松了警惕，又使虞国失去了救援，所以在灭虢回师的路上，顺便就灭掉了虞国。可谓发动一次攻击，同时灭掉两个国家，这就好像借人家的桥过河，过了河之后，又顺手拿走了人家的桥板一样，同时有两种收获。这是一种迂回之计，也是突然袭击的谋略。

『假道伐虢』是强者吞并弱者的策略，但只要弱者提高警觉，识破强者的诡计，强者即很难运用『假道伐虢』的策略来吞并弱者。

不过弱者想在强者的重压下求得生存亦是很困难的。为了保障生存的安全，弱者须具备下述条件方可：

一、内部团结。当内部发生混乱或分裂时，会使强者乘隙进攻。

二、避免发生挑拨性行动。如发生此种行动时，会使得强者有机可乘。

三、须有正确的判断能力。对于强者的请求，若一概相应不理，必会引起强者的憎恨与愤怒。

四、须具有外交能力。在解决纷争时，须做好全面的外交策略，以建立良好的外交关系。

第五章　并战计精注全译

第二十五计　偷梁换柱①

【原文】

频更其阵，抽其劲旅，待其自败，而后乘之。曳其轮也②。

【注释】

①偷梁换柱：比喻暗中玩弄手段，以假乱真。梁，柱，原本是盖房时起支撑作用和连接椽子的重要结构。即大梁和柱子。

②曳其轮：《易经·既济卦》："『初九，曳其轮，无咎。』意思是：初九爻象征拖着车轮过河，以防失控，不会出错。

【译文】

频繁地变动他们的阵容，抽换他们的主力，等他们自己走向失败，然后乘机控制他们。这就如同过河的车子，拖住了它的轮子，也就不会出差错了。

【按语】

阵有纵横，天衡为梁，地轴为柱①，梁柱以精兵为之。故观其阵，则知其精兵之所在。共战他敌时，频更其阵。暗中抽换其精兵，或竟代其为梁柱。势成阵塌，遂兼其兵。并此敌以击他敌之首策也。

【注释】

①天衡，地轴：均为古代战阵名称。天衡首尾相连，地轴贯穿中央。

【译文】

战阵有纵向横向，按东西南北的方位布设。『天衡』作阵的大梁；地轴作阵的柱子。梁和柱的位置都是由精兵控制。因此，察看他军的阵容，就知道他军的精锐在哪里。当与他军共同对敌作战时，设法多次变动他军的阵容，暗中更换他的精锐部队，或者派自己的精锐部队去代替他做梁柱。这样势必使他军阵地倒塌，于是就能吞并他的军队。这是吞并这股敌人再去攻击他股敌人的一个首要的策略。

【传世典故】

偷梁换柱原用以形容桀纣力大无穷。宋代罗泌《路史发挥·三桀纣事多实论》记古史传说桀纣能『倒曳九牛，换梁易柱』。后比喻玩弄手法，暗中改换事物的内容或事情的性质，以达到蒙混欺骗的目的。军事中指在同盟军联合作战时，通过不断地改变其阵势来抽换其主力，在其无法自立之时，借机将其兼并以扩大我军的力量。

秦始皇称帝，自以为江山一统，是子孙万代的家业了。他自以为身体还不错，一直没有立太子，指定接班人。宫廷内存在两个实力强大的政治集团：一个是长子扶苏、蒙恬集团，一个是幼子胡亥、赵高集团。扶苏恭顺好仁，为人正派，在全国有很高的声誉。秦始皇本意欲立扶苏为太子，为了锻炼他，派他到著名将领蒙恬驻守的北线为监军。幼子胡亥早被娇宠坏了，在宦官赵高的教唆下，只知吃喝玩乐。

公元前210年，秦始皇第五次东巡，到达平原津（今山东平原县附近），突然一病不起。此时，秦始皇也知道自己的大限将至，于是，连忙召丞相李斯，要李斯传达密诏，立扶苏为太子。当时掌管玉玺和起草诏书的是宦官头儿赵高。赵高早有野心，看准了这是一次难得的机会，故意扣压密诏，等待时机。几天后，秦始皇在沙丘平召（今河北广宗县境）驾崩。李斯怕太子回来之前政局动荡，所以秘不发丧。赵高特此去找李斯，告诉他，皇上赐给扶苏的信，还扣在我这里。现在，立谁为太子，我和你就可以决定。狡猾的赵高又对李斯讲明利害，说，如果扶苏做皇帝，一定会重用蒙恬，到那个时候，宰相的位置你能坐得稳吗？一席话，说得李斯果然心动，二人合谋，制造假诏书，赐死扶苏，杀了蒙恬。

赵高未用一兵一卒，只用偷梁换柱的手段，就把昏庸无能的胡亥扶为秦二世，为自己今后的专权打下基础，也为秦朝的灭亡埋下了祸根。

【用计锦囊】

当敌人力量比较强大，而其主力又已完全暴露时，或我方的外部情况已为敌人所掌握的形势下，为了抓住关键，有效地控制敌人，可在敌人不知不觉中调开其主力。借以分散削弱其力量；或为了蒙骗敌人，可在暗中更换我们的部署，合并盟友的主力，借以增强扩大自己的力量，进而达到变劣势为优势，变被动为主动的目的。

此计一定要在对方不备的情况下使用。一旦被对方发觉，自己的努力不仅全部落空，而且会导致『偷鸡不成反蚀把米』的结局。

偷梁与换柱都是用次要的换主要的，用假的换真的，用坏的换好的。这样，被换的东西不仅起不到应有的作用，反而会起破坏和瓦解作用。敌人的元气受损后，必然不攻而自败。

此计在大多数情况下指暗中调换，冒名顶替，以达到蒙骗对方，从中渔利的目的，通俗地说，偷梁换柱就是『调包计』。

本计包含三种含义：

一、暗中调包。就是在不知不觉中，偷偷地用某种东西换走别人的另外一种东西。这种调换不外是为了自己获利，或使别人受损，或者两者兼而有之。所以调换的时候，一般都是用假的换掉真的，用坏的换掉好的，用次要的换掉主要的。调包一定要在暗中进行，只有在其没有发现任何破绽的时候，才能把假的、坏的当成真的、好的来使用，在其发现受骗上当的时候，已经来不及了。如果对方过早地发现已被调包，在使用前他就会把换过的东西，再换回来，我们也就达不到目的了。

二、分人之势。当敌人的力量比较强大时，不应直接同其对抗，而应该使用各种隐蔽欺骗的虚假行动，把敌人的主力分散开来，把敌人的主力调开，就等于把敌人的『梁』『柱』偷换掉，敌人必将会『阵塌』。这样就会使其由全体上的强大转化为各个局部上的弱小，而我们则可集中兵力，使全体上的劣势转化为局部上的优势。

三、合并盟友。在我们与盟友对付同一个敌人时，这时虽然目标是一致的，但是由于缺乏统一的行动，不但不能给敌人以致命的打击，还很容易被敌人各个击破。为了形成强大的势力，在盟友一时没有认识到联合的重要性和必要性的时候，我们暗中将其合并过来，实行统一意志，统一行动，是有很大的积极意义的。在整个合并过程中，对于被合并的一方固然是痛苦的，但是从双方都可因此而得到生存和发展的角度看，这种牺牲也是值得的。当然在合并中怀有其他目的是不应该的。

对付偷梁换柱之计，应采取以下防范对策：

一、防人之心不可无。在激烈的竞争中，尤其是多极的竞争中，除了对面前的对手要针锋相对，对于中立者、盟友等其他力量，也要时时处处加以必要的防备，不要轻信于人，更不能轻易把主力托付于人，以防被人吞并。另外还要不断地切实加强自己的实力，使自己有独立竞争的能力和反抗能力，这也是防止被人吞并的必要条件。

二、严密保护梁和柱。既然梁和柱具有生命攸关的重要作用，就应加以严密的保护，使敌人不易接近，或使其无法偷换。为了保险起见，还要事先准备应急措施，一旦发现梁柱被人偷换，马上进行补救，不使损失扩大。

三、信息反馈要经常。要与自己所属的各个部位，特别是重要的部位，保持经常不断的信息联系，这样一旦自己的梁柱被偷换时，我们马上就会发现，可及时采取有效的措施，防止造成损失。

四、思维观念要明确。如果自己的思想观点或语言表达不明确，含糊不清，模棱两可，就很容易被人故意曲解或断章取义。所以在应该表达清楚的地方，一定要用科学规范的语言表达清楚，必要时要有解释和说明。如果一旦被人曲解，要立即加以解释，不使其影响扩大。

第二十六计 指桑骂槐①

【原文】

大凌小者，警以诱之。刚中而应，行险而顺②。

【注释】

①指桑骂槐：指着桑树骂槐树。比喻明指这一人而实际上是指另一人。运用在战争中，即杀一儆百、杀鸡给猴看的意思，目的是为了引起其他人的重视。

②刚中而应，行险而顺：《易经·师卦》：『彖曰：刚中而应，行险而顺。』意思是：刚正而不偏激，则能得到人们的信服，诚心响应，冒险行事，果断勇敢，也能使人听从。

【译文】

强大的欺凌弱小的，要先采用威胁的手段警告他，诱导他顺服。根据师卦来看，刚强而不偏激，可以得到信服；果断而勇敢，可以使人顺从。

【按语】

率数未服者以对敌，若策①之不行，而利诱之，又反启其疑。于是故为自误，责他人之失，以暗警之。警之者，反诱之也，此盖以刚险驱之也。或曰：此遣将之法也。

【注释】

①策：指挥。

【译文】

率领几支没有信服我的部队去对敌作战，如果指挥他们不灵，你却用利益去引诱他，反而会引起怀疑。这时，你可以故意制造错误，借此来责备他人的过失，暗中警告他们。所谓警告，就是从反面来诱导他们，这是用刚强果敢的手段来驱使他们的办法。有人说：这是调兵遣将的好办法。

【传世典故】

指桑骂槐意指表面上指着桑树，实际上在骂槐树。比喻表面上骂这个人，实际上却骂另一个人。在军事中指用警告诱迫等暗示手段达到统领部下和树立威严的一种谋略。

指桑骂槐，此计的比喻意义应从两方面广为理解：一是要运用各种政治和外交谋略，『指桑』而『骂槐』，施加压力配合军事行动。对于弱小的对手，可以用警告和利诱的方法，不战而胜。对于比较强大的对手也可以旁敲侧击威慑他。春秋时期，齐相管仲为了降服鲁国和宋国，就是运用此计。他先攻下弱小的遂国，鲁国畏惧，立即谢罪求和，宋见齐鲁联盟，也只得认输求和。管仲『敲山震虎』，不用大的损失就使鲁、宋两国臣服。

另外，作为部队的指挥官，必须做到令行禁止，法令严明。否则，指挥不灵，令出不行，士兵一盘散沙，怎能打仗！所以，历代名将都特别注意军纪严明。管理部队，刚柔相济，关心和爱护士兵，但决不能有令不从，有禁不止。所以，有时采用『杀鸡儆猴』的方法，抓住个别坏典型，从严处理，就可以震慑全军将士。

春秋时期，齐景公任命田穰苴为将，带兵攻打晋、燕联军，又派宠臣庄贾做监军。穰苴与庄贾约定，第二天中午在营门集合。第二天，穰苴早早到了营中，命令装好作为计时器的标杆和滴漏盘。约定时间一到，穰苴就到军营宣布军令，整顿部队。可是庄贾迟迟不到，穰苴几次派人催促，直到黄昏时分，庄贾才带着醉容到达营门。穰苴问他为何不按时到军营来，庄贾无所答，只说亲戚朋友都来为我设宴饯行，我总得应酬应酬吧？所以来得迟了。穰苴非常气愤，斥责他身为国家大臣，负有监军重任，却只恋自己的小家，不以国家大事为重。庄贾以为这是区区小事，仗着自己是国王的宠臣亲信，对穰苴的话不以为然。穰苴当着全军将士，命令叫来军法官，问：『无故误了时间，按照军法应当如何处理？』军法官答道：『该斩！』穰苴即命拿下庄贾。庄贾吓得浑身发抖，他的随从连忙飞马进宫，向齐景公报告情况，请求景公派人救命。在景公派的使者没有赶到之前，穰苴即令将庄贾斩首示众。全军将士看到主将斩杀违犯军令的大臣，个个吓得发抖，谁还再敢不遵将令。这时，景公派来的使臣飞马闯入军营，拿景公的命令叫穰苴放了庄贾。穰苴沉着地应道：『将在军，君命有所不受。』他见来使骄狂，便又叫来军法官，问道：『乱在军营跑马，按军法应当如何处理？』军法官答道：『该斩。』来使吓得面如土色。穰苴不慌不忙地说道：『君王派来的使者，可以不杀。』于是下令杀了他的随从和三驾车的左马，砍断马车左边的木柱，然后让使者回去报告。穰苴军纪严明，军队战斗力旺盛，果然打了不少胜仗。

【用计锦囊】

在面对众多下属的时候，为了统一组织内部的意志和行动，防止兵不服将、有令不行、有禁不止的现象出现，或在面对弱小敌人的时候，为了能不经直接的武力攻击就使其慑服，防止其伺机反抗，我们可在暗中借故对有关的人进行警告或采取适当强硬的态度加以诱迫。这是一种暗传信息、树立威信、统御众人的心理策略。

本计有以下三种含义：

一、杀鸡儆猴。这是通过惩罚一个人来吓唬别的人，以使其顺从的计谋。相传猴子很顽皮，经常不服调教，驯猴人便当其面杀鸡，用鲜血淋漓的惨相来威胁恐吓它，这样猴子便乖乖地听从摆布了。这是通过处理小的来警戒大的，有时在『士难诛尽』法不责众的情况下，也可以通过处理一个来警戒众人，这就是杀一儆百的方法。杀鸡儆猴和杀一儆百都是间接警告，使其慑服的策略，其中一个杀其异类，一个杀其同类，而对要警戒的真正对象却不直接动手。

二、敲山震虎。用敲击山梁的办法来显示威风，进而震慑老虎，在这里敲山只是一种姿态，是在向老虎表示自己的强硬态度。敲山震虎虽然没有明确具体的惩戒对象，但也暗示了有关的信息，使老虎意识到对手是很强大、很难对付的，如果不老老实实、规规矩矩地顺从或降服，就不会有好的结果。这是一种不战而胜的策略，也同样起到间接警告的作用。

三、旁敲侧击。就是不直截了当地指明问题，而是绕个弯子，迂回地表达自己的责难或不满。之所以不直接对其发难，是因为该对象确实存在很多该『骂』之处，但是因为某种条件限制，不能或者不便于公开『骂』，这时就使用这种隐蔽曲折，但又比较激烈的责骂方式。旁敲侧击常以借题发挥的形式来进行。

此计由一『指』一『骂』两个部分组成，按对象是否明确，可以把『指』和『骂』分为四种：

一、实指实骂。所指的『桑』和『槐』都很明确，并且对它们采取了实实在在的惩治措施。

二、实指虚骂。所指的『桑』很具体，但所骂的『槐』并不明确。

三、虚指实骂。表面上所指的『桑』不明确，但暗里所要骂的『槐』很明确。

四、虚指虚骂。何为『桑』，何为『槐』，都没有具体指明，只是抓一件事借题发挥，目的在于引人警戒。

对付指桑骂槐之计，应注意以下防范对策：

一、认清虚实。当自己处于弱者的地位，有人打算用指桑骂槐之法而慑服时，及时准确地认清对方的虚实很重要，如果在对方虚张声势，而实则色厉内荏的情况下，我们误以为这些都是真实的，被其虚假的强硬所吓倒，就会失去难得的机会而吃大亏、上大当。如果在对方确有很强实力的情况下，我们低估了他们的力量，不能知难而退，只知冒进，结果会像以卵击石、飞蛾扑火一样，自取灭亡。了解对方的虚实，要通过详细的观察和研究，要透过现象看到本质，绝不能被一时的假象所迷惑。

二、联合众小。在对方的力量确实很强大，而自己一时无法与之对抗的情况下，摆脱困境的积极办法之一就是联合众小以抗一强，众多弱小者联合起来，如果进攻，则会形成『好虎抵不住一群狼』之势；如果防守，则会形成『法不治众』之势。在被人威胁之时，千万不能自我孤立，否则就会弱而更弱。战国时，苏秦联合六国，抗拒强秦的所谓合纵，就是这种谋略，可惜的是这种联合被破坏，六国先后被灭掉。

三、不为天下先。俗话说『出头的椽子先烂』『枪打出头鸟』，指的是那些敢于第一个以身试法的人，要被当作『鸡』来『杀』的必然下场。所以在一般情况下，我们绝不能有意无意地充当炮灰，首先去破坏有关的章法，而成众矢之的。如果在别人开了头之后，我们再参加进去，那就安全多了。所以『不为天下先』乃是『立于不败之地』的重要条件。

四、支援『桑』树。劈竹子的时候，头几节是比较困难的，只要劈开了头几节，无论竹子有多长，『皆迎刃而解』。指桑骂槐有时也会产生这种破竹之势，尽管我们暂时没有被当作『桑』，但是如果不及时有效地遏制住其『骂槐』的势头，我们自己也将难以自救。所以，在『桑』树被骂时，我们不能袖手旁观，应千方百计地给予支援，使他能顶住对方的气势，不致产生更大的突破口。要知道，此时的救人即是自救。为了精诚互助，任何前嫌都要捐弃。

第二十七计 假痴不癫①

【原文】

宁伪作不知不为，不伪作假知妄为。静不露机，云雷屯也②。

【注释】

①假痴不癫：痴，傻子；癫，疯子。装傻而不疯。作为一种权术，装作庸碌无为的样子，掩盖其大的抱负，以迷惑对手。

②云雷，屯：《易经·屯卦》：『象曰：云雷，屯，君子以经纶。』其意是：云雷正在聚结，大雨还未下落。

象征事业正处在艰难的准备时期，有智之士应当苦心经营。

【译文】

宁可装作不知道而不去做，不可假装知道而胡乱去做。静静地不暴露自己的动机，暗中策划经营。

【按语】

假作不知而实知，假作不为而实不可为，或将有所为。司马懿之假病昏以诛曹爽①，受巾帼、假请命以老蜀兵②，所以成功。姜维九伐中原③，明知不可为而妄为之，则似痴矣，所以破灭。

兵书曰：『故善战者之胜也，无智名，无勇功。』当其机未发时，静屯似痴；若假癫，则不但露机，且乱动而群疑。故假痴者胜，假癫者败。或曰：假痴可以对敌，并可以用兵。

宋代，南俗尚鬼。狄青征侬智高④时，大兵始出桂林之南，因佯祝曰：『胜负无以为据。』乃取百钱自持，与神约：『果大捷，则投此钱尽钱面也。』左右谏止：『倘不如意，恐沮师⑤。』青不听，万众方耸视，已而挥手一掷，百钱皆面。于是举兵欢呼，声震林野。青亦大喜，顾左右，取百钉来。即随钱疏密，布地而贴钉之，加以青纱笼，手自封焉。曰：『俟凯旋，当酬神取钱。』其后平邕州还师，如言取钱，幕府士大夫共视，乃两面钱也。

【注释】

①曹爽：三国魏人，字习伯。曾掌握兵权。太傅司马懿阴谋夺取兵权，便装出衰弱昏聩的样子。曹爽信以为真，放松警惕。后来司马懿乘机进行兵变，杀了曹爽，夺了兵权。

②三国时，诸葛亮率军北伐，蜀、魏大军在五丈原对垒，魏方主帅司马懿固守不战，目的是拖垮蜀军。诸葛亮

意在速战，派人送去妇女的头巾、衣物侮辱司马懿，企图激他出战。司马懿却收下了诸葛亮送来的东西，并上表请魏主派使到军营传谕不战，终于把蜀军拖垮，只得退军回蜀。

③姜维九伐中原：诸葛亮死后，姜维统率蜀汉军事。他先后九次北伐，皆劳师无功。后被魏将邓艾、钟会所击败。

④狄青：北宋大将，1052年，他率兵镇压西南蛮族首领侬智高的叛乱，大胜。

⑤沮：丧气，颓丧。沮师，使士气低落、沮丧。

【译文】

假装不知道的，实际上却知道；假装不做的实际上是确实不能去做，或者是将要有所作为。三国时，司马懿假装衰老病昏而杀了曹爽。他在蜀魏对战中，接受了孔明送来污辱他的女人衣物头巾，故意上表请命，坚守不战，从而将蜀军拖垮。所以获得成功。而姜维九次进攻中原，明明知道不可以这样做，却偏偏要轻举妄动，就真像个傻子了，所以他失败了。

兵书说：『所以善于作战的人取得胜利，既没有机智的名声，也没有英勇的战功。』当进攻时机未到时，镇静得如同痴人一样。如果装作疯疯癫癫的，虚张声势，则不仅暴露了自己的动机和目标，而且会因为行动混乱而引起大家的猜疑。所以，装痴的必然胜利，装癫的必然失败。有人说：假痴可以对敌作战，也可以用于治军。

宋朝时，南方人崇拜鬼神。北宋名将狄青征伐侬智高时，大军刚到桂林以南，他就假装拜神祷告说：『这次出兵，是胜是败没有根据。』便取了一百个铜钱和神约定：『若果真能大胜，那么把这些钱扔在地上，钱面都要向上。』左右官员劝他别这样做，并说：『如果不如意，恐怕会使士兵沮丧。』狄青不听，全军将士正在抬头观看之时，他挥手一掷，结果一百个铜钱全部是面朝上。于是全军欢呼，声音震动山林原野。狄青也非常兴奋，回头命令左右侍从拿来一百个钉子，依照铜钱分布的疏密，逐个贴地钉牢，并盖上青纱笼，亲手贴了封条，然后说：『等凯旋后，一定酬谢神灵，收回铜钱。』后来，狄青平定了邕州，率领部队回来，按原先所说的那样，把钱取回。他的幕僚们和随行官员们一看，原来都是一样的双面钱。

【传世典故】

假痴不癫指表面上装作痴呆、愚笨，而内心却非常清醒。在军事上指为了麻痹对方或为了隐瞒自己的士兵，而伪装笨拙，但是行动起来又极其诡秘。

本计计名是从民间俗语『装疯卖傻』『装聋作哑』等转化而来。在日常生活中，人们为了回避某种矛盾，或者为了度过某种危难，或者为了对付某个势力强大的对手，在一定时期内，故意装作愚蠢、呆痴，行『韬晦』之计，以求保存自己，然后等待时机，战胜对手。传说中的箕子佯狂就是运用此计的一个典型。殷商时期，纣王的太师箕子因无法劝说纣王放弃暴政，便佯装痴傻。一次，纣王做长夜之饮，喝得酩酊大醉，连年月日也忘记了，问左右的人，大家因畏惧纣王凶残，都跟着说不知道。于是，便派人去问箕子，箕子想了一下，也说自己不知道。左右的人感到奇怪，便问箕子道：你明明知道，为什么也说不知道呢？箕子回答说：『纣王是天子，他终日沉溺酒色，连年月日都搞不清了，这说明殷朝快要亡国了；一国的人因害怕纣王凶残无道都说不知道的事情，独独我说知道，那我的性命不是危在旦夕了吗？所以，我也假装酒醉说搞不清啊！』这便是箕子使的『假痴不癫』计。以后，人们把它运用于军事上，主要有两种用法：一是用于举行兵变，主要是作为一种欺骗，麻痹对手，以便自己积蓄力量，等待时机，发起攻击的计谋；二是作为一种愚兵之计。

【用计锦囊】

假痴不癫是一种麻痹对手、待机而动的计谋。《孙子兵法·九地》对此有专门论述：『能愚士卒之耳目，使之无知；易其事，革其谋，使人无识；易其居，迂其途，使人不得虑。』这段话的大意是：能蒙骗士卒的耳目，使他们对军事计划一无所知；改变任务，变更计谋，使人们无法识破其中的奥妙；改变驻地，迂回绕行，使人们无法推测真实意图。

此计多在蓄而待发之际，面对难关之时使用。实施此计关键在于『假痴』，『假痴』有多种表现形式：1假作不知。2假作不为。3假作不懂。4。假作不管。5假作不能。仅做到了『假痴』还不够，同时要做到『不癫』，即不走火入魔，否则『假痴』就变成了真痴。所以说，『假痴』时一定要掌握分寸，千万不能过火。

本计包含以下三个含义：

一、大智若愚。真正聪明的人在表面上反而好像很愚笨，其实是一种韬晦之计，也就是暂时隐藏自己的锋芒或才能，不使表现出来。在条件不利的情况下，为了保护自己，常常以装疯卖傻、装聋作哑来蒙混对方，这种假作不知，假作不为，假作不是的做法，会给人以一种与世无争、弱而无能的印象，这样就避免引起注意，不使人把自己当作直接的、主要的竞争对手，是用假装糊涂来绕过难点的最聪明的办法。人说『难得糊涂』，就是说糊涂是很难做到的，所谓的难，就难在本不是真糊涂，却要装成糊涂，使人完全相信你，并把你当成真糊涂来对待。

二、深藏若虚。就是把自己所具有的东西深深地隐藏起来，伪装得如同什么也没有一样。也就是静不露机，蓄而待发。之所以要把自己所具有的东西深藏起来，不让人知道，是因为要等待时机的成熟，在时机不成熟的情况下，过早地暴露自己的意图，一定会遭到失败。所谓『谋出于智，成于密，败于露』就是这个道理。深藏若虚可以表现为『治而形以乱，饱而形以饥，众而形以寡，勇而形以怯，备而形以驰』。本来很有秩序，却表现出混乱的样子；本来很饱暖，却表现出饥寒的样子；本来人很多，却表现出人数很少的样子；本来很勇猛，却表现出很怯弱的样子；本来准备很充分，却表现出毫无防备的样子，这些都是属于迷惑、麻痹敌人的方法。

三、愚兵之计。装傻充呆之计，不仅可以用来对付敌人，也可以用来治理自己的军队。其主要方法是『愚士卒之耳目，使之无知』。就是要蒙蔽士卒的视听，不让他们知道计划谋略的真实意图。之所以要『愚士兵之耳目』：一是为了保守军事机密的需要。因为对于机密绝密的军事情报是不可能『广而告之』的，只要打算对敌人保密，就要在一定的范围内对自己的军队保密。二是为了统一行动的需要。没有军纪，就没有军队，服从命令，遵守纪律是一个士兵的天职，如果在紧急情况下，就要让士兵了解了之后，再去执行命令，那么，什么事情都做不成。三是为了稳定军心的需要。在非常困难的情况下，特别是在非常危险的情况下，如果让士兵们知道了真情，就会引起恐慌、惊惧，带来思想及行动的混乱，直接影响部队的战斗力，甚至使军队无法约束。当然这里的『愚兵之术』，绝不是欺骗和愚弄自己的士兵，而是用假装『不知不为』的办法隐瞒某些情况，或是用所谓违反常识的异想天开的办法来激励士兵。所以一概否定『愚兵之术』是不可取的。

对付假痴不癫之计，应注意采取如下防范对策：

一、善于相敌。所谓相敌，就是观察敌方的情况。相敌不但可以直接发现敌人『假痴』的蛛丝马迹，还可以透过现象认识本质。《孙子兵法·行军篇》中提出了通过因果关系进行逻辑推理的相敌方法。他说：『辞卑而益备者，进也。』即敌人原来的使者言辞谦逊，拖延时间，却正在加紧战备的，是准备向我军进攻。又说：『辞强而进驱者，退也。』即敌军来使措辞强硬而摆成进攻架势的，实际上是准备撤退。还说：『无约而请和者，谋也。』即没有约会而来讲和的，是另有阴谋。这些具体的相敌之法虽不可套用，但为我提示了如何透过现象认识本质的典型范例。

二、将计就计。发现了敌方的计谋，即利用敌方的计谋为我所用，反使敌方中计上当。此法主要用于已经发现了敌方正在对我们使用『假痴不癫』之计时，我们虽已识破其计，但是暂时不揭破它。同时也来个假装糊涂，故意把其『假』当作真，让其相信我们已经上当，便放心大胆地继续演他的『假痴』之戏，却不知我们早已为他又布了一层圈套。这就叫作『假作真时真亦假』，虚虚实实难分辨。相敌之法是发现敌人阴谋的方法，将计就计是破解敌人阴谋的方法。

三、当面揭穿。就是在对方要『假痴不癫』鬼把戏的时候，当场把其掩盖着的老底翻出来，因为他们事先毫无思想准备，遇到这种突然情况时，一时很难应付，只能处于十分被动、尴尬的境地。这样他们为此所煞费的苦心也就付之东流了。要当面揭穿对方的骗局，必须掌握一定的证据，要一下子击中要害，不给其留下狡辩的把柄和反击的机会。

四、攻其必救。如果敌方以强示弱，坚守不击，我们又希望尽快与之决战时，则可采取『攻其必救』

的方法，迫使他不得不出来与我们交战，这时他们的『假痴不癫』之计就不攻自破了。

第二十八计 上屋抽梯

【原文】

假①之以便，唆②之使前，断其援应，陷之死地。遇毒，位不当也③。

【注释】

①假：借给。

②唆：唆使。

③遇毒，位不当也：《易经·噬嗑卦》：『六三：噬腊肉，遇毒，小吝，无咎。』『象曰：遇毒，位不当也。』意思是：吃了坚硬的肉干，受到伤害，只是小损伤，没有大的妨碍，这是贪图口福所造成的恶果。比喻贪图不应该有的利益，而招致祸害。

【译文】

借给敌人以方便条件，唆使他不断前进，然后切断他的接应和后援部队，使他完全处于死地。这是利用敌人贪心占利的欲望，使他受到惩罚。

【按语】

唆者，利使之也。利使之而不先为之便，或犹且不行。故抽梯之局，须先置梯，或示之以梯。如：慕容垂①、姚苌②诸人怂秦苻坚侵晋，以乘机自起。

【注释】

①慕容垂：鲜卑族，十六国时，原为前燕吴王，后投奔前秦苻坚，淝水之战后，趁机独立建国后燕。

②姚苌：五胡十六国时后秦之建立者。原为羌族首领姚弋仲之子，后投奔前秦苻坚，淝水之战后，率羌人独立，称万年秦王，建立后秦国。

【译文】

所谓唆使，就是用利去引诱他。如果只用利引诱，而不为他提供方便，或许他还会不动。因此，使用上屋抽梯之计的，必须先安置好梯子，或者让他注意到梯子。比如南北朝时，鲜卑族首领慕容垂、羌人首领姚苌等人怂恿前秦国主苻坚入侵东晋，以便自己乘机独立。

【用计锦囊】

上屋抽梯原意是诱人爬上高楼，然后搬走梯子，使其进退无路，只能束手就擒。在军事上，指设法诱敌进入我方的圈套，然后截断敌人援兵，以便将敌围歼的谋略。这种诱敌之计，自有其高明之处。敌人一般不是那么容易上当的，所以，你应该先给它安放好『梯子』，也就是故意给以方便。等敌人『上楼』，也就是进入已布好的『口袋』之后即可拆掉『梯子』，围歼敌人。

上屋抽梯既可用之于敌，也可用之于我。《孙子兵法·九地》中说：『帅与之期，如登高而去其梯；帅与之深入诸侯之地，而发其机。』意思是：主帅给士卒布置任务，要像登高后抽掉梯子一样，使他们只能向前，不能后退；主帅率众深入诸侯国境，要像射出的箭矢一样，使他们只能一往直前，不可返回。

诱敌『上屋』，是实施此计的关键。一般来说，可以诱骗的对象有四种：一是贪而不知其害者；二是愚而不知其变者；三是急躁而盲动者；四是情骄而轻敌者。

『抽梯』之前，经常要自行『置梯』。『置梯』主要有两种方法：（1）示之以利。用一些对方希望得到的利益来引诱。（2）示之以弱。欺软怕硬是人的本性。如果我方佯装弱小，敌人就会肆无忌惮地前来，钻入我方事先布置好的『口袋』。

『抽梯』既要及时快捷，又要讲究技巧。从不同角度可把『抽』法分为三大类：1明抽与暗抽；2急抽与缓抽；3实抽与虚抽。究竟采用哪种抽法，要依当时的客观环境来确定，切忌先行武断、主观臆想。

本计包含以下三种含义：

一、断其退路。利用各种办法将敌人引入我们事先设好的包围圈内，然后迅速将敌人的来路彻底切断，使其无法脱逃，有来无回，断绝敌人退路的目的主要是使其『不可脱』，只有『不可脱』，才能全部干净地将其消灭，或者利用『不可脱』的形势，给敌人造成心理上的巨大压力，使其被迫就范。要造成敌人『不可脱』之势并不容易，因为『困兽犹斗』，敌人在濒临灭亡之前，很可能会狗急跳墙。所以使用此计时，我方的力量一定要大大超过敌方的力量，或者我方在地理位置上要占绝对的优势才行，否则会被敌人挣个鱼死网破。

二、断其援应。就是截断敌人的前应和后援。在敌人落入陷阱之后，此时的前应和后援就成了他们的救命『梯子』，可谓『得之则生，失之则死』，在这个时候，我们抽掉他们的『梯子』，无疑致其死命。这样可以使敌人无力独自坚持而不攻自破。这种策略也叫围敌打援。围敌打援之『援』也可理解为『后勤补给』，把敌人推到战场之后，切断他的后勤补给，也就等于『抽掉』了其保持战斗力的『梯子』，使他们陷入进退两难的境地。

三、破釜沉舟。釜，古时烧饭用的大锅。舟，渡河用的船。打破饭锅，凿沉渡船，以示决一死战。比喻决心奋斗到底，绝不后退。这是一种激励士气，使其视死如归，勇往直前的策略。《孙子兵法·九地篇》中说：『帅与之期，如登高而去其梯，帅与之深入。』

【传世典故】

上屋抽梯原意为送人上了楼之后，却把梯子搬走，使人无法再下来，比喻诱使人上前而断其退路，使人处于困境，即怂恿人受骗上当。在军事上指引诱敌人前来取利，待其深入，便用迂回包围等方法断其退路，迫使其就范的计谋。

本计计名出自一个典故。东汉末年，荆州刺史刘表的儿子刘琦因不容于继母，恐遭陷害，向刘备求救。刘备要诸葛亮为他想出解脱之计。这天，诸葛亮来到刘琦家中，刘琦哀求诸葛亮说：继母屡次设法陷害我，务欲置我于死地而后罢休，目下我的处境十分险恶，还请先生相救一二。诸葛亮说：此事关系离间母子之情，恐将来说将出去，多有不便，表示拒绝。刘琦便强邀请诸葛亮进入密室之中，一边饮酒，一边仍缠住诸葛亮不放。可诸葛亮还是不愿答应刘琦的请求。这时，刘琦见再三恳求无效，便换转话头，对诸葛亮说：我的住室楼上藏有一部古籍，请先生观赏一番如何？诸葛亮听说有古籍观赏，非常高兴，便答应了。说着便跟随刘琦登上一间小楼，到了楼上，见四壁皆空，并无藏书设置，便问刘琦书在何处。这时刘琦便双膝跪下，承认自己是事出无奈才把诸葛亮骗上楼来，务请指点出路，拯救性命之危。诸葛亮埋怨刘琦不该施行欺骗，便要下楼离去，可不料楼梯已被抽走了。这时刘琦便又再三哀求说：先生最担心的是事情泄露，现在，这里上不着天，下不着地，出君之口，入琦之耳，再没有别人知晓，您应该可以赐教了。说着又要拔剑自刎。诸葛亮见刘琦如此情景，无可奈何，便给刘琦讲了一个故事。春秋时期，晋献公的妃子骊姬想谋害晋献公的两个儿子：申生和重耳。重耳知道骊姬居心险恶，只得逃亡国外。申生为人厚道，倾尽孝心，侍奉父王。一日，申生派人给父王送去一些好吃的东西，骊姬乘机用有毒的食品将太子送来的食品更换了。晋献公哪里知道，准备去吃，骊姬故意说道，这膳食从外面送来，最好让人先尝尝看。于是命左右侍从尝一尝，刚尝了一点，侍从倒地而死。晋献公大怒，大骂申生不孝，阴谋弑父夺位，决定要杀申生。申生闻讯，也不做申辩，自刎身亡。诸葛亮对刘琦说：『申生在内而亡，重耳在外而安。』刘琦马上领会了诸葛亮的意图，立即上表请求派往江夏（今湖北武昌西），避开了后母，终于免遭陷害。

刘琦引诱诸葛亮『上屋』，是为了求他指点，『抽梯』，是断其后路，也就是打消诸葛亮的顾虑。

『诸侯之地，而发其机』，意思是主帅授给军队任务，要像登高后抽掉梯子一样，使他们只能前进而不能后退。率领军队深入诸侯境地，要像拉开箭弩射出箭矢一样，使他们一往直前。这种利用特定环境和特定条件，对人们产生的特定影响，骤然激发人的动因或利用灾难性的情况来促发人们潜能，就是本计所要达到的目的。

对付上屋抽梯应注意采取以下防范对策：

一、小利莫贪。在某种利益出现在眼前时，不要伸手就取，先要仔细研究其是否为可取之利。特别是在对方也同样可取，却不取的情况下，这种利就可能是钓鱼之饵，我们就更应谨防上当。只有在判断其万无一失时，才可动手取利。如果判断不清时，我们宁可放弃，也绝不冒风险，特别是对那些取之无大益、失之无大损的小利，绝对不能贪图。占小便宜吃大亏的教训是屡见不鲜的。

二、要知机变。随机应变也是防止受骗上当的有效措施。如果反应迟钝，固执教条，刚愎自用，就很容易被人利用。要做到随机应变，首先须做到眼观六路，耳听八方，善于观察，善于分析，对于任何微小的可疑情况也不放过；其次要多准备出几套行动方案，并且经常变化，不使敌人摸到我们的规律；另外遇事要沉着冷静，不要惊慌失措，要针对具体情况拿出对策。

三、投石问路。在对情况不了解或发现某些疑点的时候，先不要冒险行事，可先来个投石问路，探听虚实，在确定没有什么危险时，再走过去。用来作为探路的石头，可以是虚假的动作，可以是小股的部队，也可以是侦察人员。

四、另寻门路。如果不慎被骗『上屋』并且梯子已被抽掉时，千万不要慌张，不要绝望，也不要鲁莽蛮干，要四处寻找是否另有可出之门可用之梯，也可寻找其他的『下屋』的办法。总之，敢想敢干，不要只局限于上来时的那一条路。

第二十九计 树上开花

【原文】

借局①布势，力小势大。鸿渐于陆，其羽可用为仪②也。

【注释】

①局：阵，阵局，指战争中兵力的部署和阵地构成。

②鸿渐于陆，其羽可用为仪：出自《易经·渐卦》，其意思是：鸿雁飞起来逐渐落到山上，它落下的羽毛可以作为漂亮的装饰品。仪，威仪，装饰。

【译文】

借助别人的阵局摆布成阵势，兵力虽然弱小阵容却显得强大。正如鸿雁飞上高山，落下的羽毛，却可以用来当作漂亮的装饰一样，增色不少。

【按语】

此树本无花，而树则可以有花。剪彩粘之，不细察者不易觉。使花与树交相辉映①，而成玲珑②全局也。此盖布精兵于友军之阵，完其势以威敌也。

【注释】

①辉映：映照，对比。

②玲珑：精巧细致。

【译文】

这棵树本来不开花，树却可以有花。若把彩色绸绢剪成花朵粘在树上，不仔细察看的人不容易发觉。让美丽的花朵和树枝互相映照，从而造成精巧细致的完整局面。这就是把精锐部队布置到友军的阵地上，形成声势壮大的阵势以慑服敌人的计策。

【传世典故】

树上开花原意为这棵树本来没有开出花，但是可以人为地使它开花。把五颜六色的绸绢剪成花朵粘在树上，不仔细察看的人就不易发觉，让美丽的假花和真树相互衬托，就可造成一个全新的巧妙逼真的完整假局面。该词义是从『铁树开花』转化来的。在军事上指借着别人的声势来壮大自己的军威，以慑服敌人的一种谋略。

本计计名来自古时一些战例。所谓『树上开花』，在军事上一般是指在敌强我弱、遭到敌军攻击压力的形势下，我军采取某些方法，制造种种假象来壮大自己的声势，以迷惑敌军，或将其引走，或将其击退，或将其歼灭。三国时期，张飞在当阳桥以三十余名骑兵，吓退曹操追击刘备的数万大军，就是用的这种计谋。

无人不知张飞是一员猛将，而他却是一个有勇有谋的大将。刘备起兵之初，与曹操交战，多次失利。刘表死后，刘备在荆州，势孤力弱。这时，曹操领兵南下，直达宛城。刘备慌忙率荆州军民退守江陵。由于老百姓跟着撤退的太多，所以撤退的速度非常慢。曹兵追到当阳与刘备的部队打了一仗，刘备败退，他的妻子和儿子都在乱军中被冲散了。刘备只得狼狈败退，令张飞断后，阻截追兵。张飞只有二三十个骑兵，怎敌得过曹操的大队人马？那张飞临危不惧，临阵不慌，顿时心生一计。他命令所率的二三十名骑兵都到树林子里去，砍下树枝，绑在马后，然后骑马在林中飞跑打转。张飞一人骑着黑马，横着丈二长矛，威风凛凛站在长坂坡的桥上。

追兵赶到，见张飞独自骑马横矛站在桥中，好生奇怪，又看见桥东树林里尘土飞扬，以为树林之中定有伏兵，追击的曹兵马上停止前进。张飞只带二三十名骑兵，阻止住了追击的曹兵，让刘备和荆州军民顺利撤退，靠的就是这『树上开花』一计。

【用计锦囊】

在敌强我弱的形势下，为了创造和等待战机，防止被敌人吞并，便借别人的力量来虚张声势，示强于敌，造成敌人在判断上的错误，使之不敢贸然来战，并以此从心理上慑服敌人。这就是树上开花的计谋。

在此计中，『树』指那些被借来张势的东西，它可能是别人的声势，可能是别人的力量，也可能是客观的态势。因此，在我方的『花』没有着落时，不妨借『树』。『树』是『花』的依傍，故首先『树』要精心选好，其次『花』要巧妙布置，善于伪装，以达到以强隐弱的目的。

本计包含以下三种含义：

一、借局布势。借用别人现成的局面，布成有利于自己的新阵势，或者是利用别人的力量来为自己服务，增加自己的势力，扩大自己的影响。

二、虚张声势。本来自己的力量比较弱小，为了吓唬或迷惑对方，便千方百计地假装出强大的气势。虚张声势同借局布势一样，都可以使本来并不强大的力量，在对方面前显现出非常强大的声威气势。

三、求之于势。就是要依靠有利的形势来取胜。做任何事情都离不开客观环境，客观环境对事物的成败起着至关重要的作用，如果客观环境提供了有益的条件，我们就要因利乘便，充分利用；如果客观环境所提供的条件不利，我们便应因势利导，使其向有利的方向发展。这就是所谓的『任势』，也叫『顺势而治』，即利用有利的形势，捕捉最佳的战机，以求一举得胜。